ORAÇÃO É LUZ

EDITORA EME

Solicite nosso catálogo completo, com mais de 350 títulos, onde você encontra as melhores opções do bom livro espírita: literatura infantojuvenil, contos, obras biográficas e de autoajuda, mensagens espirituais, romances palpitantes, estudos doutrinários, obras básicas de Allan Kardec, e mais os esclarecedores cursos e estudos para aplicação no centro espírita - iniciação, mediunidade, reuniões mediúnicas, oratória, desobsessão, fluidos e passes.

E caso não encontre os nossos livros na livraria de sua preferência, solicite o endereço de nosso distribuidor mais próximo de você.

Edição e distribuição

EDITORA EME

Caixa Postal 1820 - CEP 13360-000 - Capivari - SP

Telefones: (19) 3491-7000 | 3491-5449

Vivo (19) 99983-2575 | Claro (19) 99317-2800

vendas@editoraeme.com.br - www.editoraeme.com.br

Armando Fernandes de Oliveira

Oração é Luz

Capivari-SP
– 2018 –

A Editora EME mantém o Centro Espírita "Mensagem de Esperança" e patrocina, junto com outras empresas, a Central de Educação e Atendimento da Criança (Casa da Criança), em Capivari-SP.

3ª reimpressão - janeiro/2018 - de 11.501 a 12.000 exemplares

CAPA | Rafael Gatti
DIAGRAMAÇÃO | Victor Benatti
REVISÃO | Editora EME

Ficha catalográfica

Oliveira, Armando Fernandes de, 1922-2002
Oração é luz / Armando Fernandes de Oliveira - 3ª reimp. jan. 2018 - Capivari, SP: Editora EME.
216 p.

1ª edição : dez. 1999
ISBN 978-85-7353-104-6

1. Preces e Mensagens Espíritas.
2. Espiritismo - Estudos sobre a oração. I TÍTULO

CDD 133.9

"Pedi e dar-se-vos-á; buscai e achareis;
batei e abrir-se-vos-á" – Jesus.
(Mateus, 7:7)

Ação e prece

Prece é orientação.
Serviço é merecimento.
Prece é luz.
Serviço é bênção.

(...) No versículo sétimo do capítulo sete dos apontamentos do apóstolo Mateus, no Evangelho, diz-nos Jesus: "Pedi e dar-se-vos-á; buscai e achareis; batei e abrir-se-vos-á."

Em linguagem de todos os tempos, isto quer dizer: desejai ardentemente e as oportunidades aparecerão; empenhai-vos a encontrar o objeto de vossos anseios e tê-lo-eis à vista; todavia, é preciso combater o bom combate, trabalhar, agir e servir, para que se vos descerrem os horizontes e as realizações que demandais.

Semelhantes princípios regem as leis da prece.

A oração ampara sempre; no entanto, se o interessado em proteção e socorro não lhe prestigia a influência, ajudando-lhe a ação, a benefício dos seus próprios efeitos, decerto que não funciona.

Emmanuel (Chico Xavier)
Segue-me!... (Editora O Clarim)

Sumário

MENSAGENS ESPÍRITAS

(EM TORNO DA ORAÇÃO)

Oração é luz

"Orai sem cessar."
I Tess. 5:17

A sábia definição de Gandhi sobre a prece, das mais corretas e edificantes que conhecemos. Ei-la:

"A oração é a chave da manhã e a tranca da noite".

Ninguém pode ignorar o cumprimento desse dever, até porque somos todos filhos de Deus e estamos desfrutando de oportunidades grandiosas de aprendizado redentor nos caminhos da vida.

A nossa fatalidade é a perfeição, sempre relativa, isso porque estaremos em constante progresso espiritual.

Que os nossos primeiros pensamentos do dia sejam endereçados ao nosso Pai Celestial, em agradecimento pelos ensejos renovados de estudo e trabalhos dignos realizados no relacionamento com os nossos irmãos de jornadas evolutivas.

Jamais esquecendo que ninguém evolui sozinho, somente no convívio com os nossos semelhantes, permutando experiências, partilhando valores espirituais, é que lograremos, um dia, conquistar um patamar de libertação e felicidade perenes.

À noite, da mesma forma, vamos externar o nosso melhor agradecimento ao Arquiteto do Universo pelo dia vivido, rogando uma noite de repouso e refazimento das energias físico-espirituais.

Quantas vezes, nessas oportunidades, o nosso espírito parcialmente liberto do corpo (a libertação total significa a morte fisiológica, irreversível), não desfrutou da companhia de parentes e amigos que nos antecederam na grande viagem, interessados em nos apoiar nos bons propósitos ou então nos alertarem com relação aos nossos projetos infelizes.

Face ao exposto, podemos afirmar que o nosso compromisso maior é com Deus, fonte de todas as coisas positivas da vida, fator decisivo do nosso bem-estar e progresso infinitos.

Este livro foi escrito de maneira simples e objetiva, tem como escopo levar a todos os leitores noções do valor da oração em nossas vidas, um tanto ainda confusas, se atentarmos para os problemas pessoais e o ambiente do qual ainda fazemos parte. Afinal, é justamente convivendo com os nossos semelhantes, companheiros de peregrinações terrenas que teremos condições melhores de evoluir espiritualmente.

A primeira parte do livro trata do valor da oração nas nossas atividades cotidianas, como recursos indispensáveis na superação das vicissitudes que ainda nos são próprias.

A segunda é uma coletânea de orações já bastante conhecidas, retratando o nosso compromisso com Deus, conosco mesmo e com nossos semelhantes.

Na elaboração da presente obra contamos, como sempre, com o valioso apoio dos amigos espirituais, através da intuição. A eles, pois, o nosso reconhecimento maior.

Caro leitor, que o Senhor da Vida nos abençoe a todos.

O autor

Recursos Divinos

A oração é caminho de luz, é ato dos mais importantes na vida humana ao lado do trabalho que também é oração, quando direcionado para o bem comum. O interior do homem se ilumina, capacitando-o a analisar melhor seus valores íntimos e a se libertar de imperfeições morais, quais sejam: orgulho, egoísmo, vícios, etc. O indivíduo adquire humildade e apura o senso moral.

A oração coloca a criatura diante do Criador para um diálogo sincero e humilde. Não podemos sequer olvidar que Deus é a força máxima existente no Universo. Há um adágio popular que espelha bem essa posição: "Quem está com Deus está com tudo, quem não está com Deus não está com nada".

Estamos ligados ao Pai Celestial pela nossa condição de filhos; agora há necessidade de nos ligarmos a Ele através do sentimento e pensamento unidos em vibrações superiores de sabedoria e amor.

A prece, nesse aspecto, representa o caminho mais excelente ao lado do trabalho nobre, sem dúvida. Por que o trabalho?... Porque Deus não cessa de trabalhar, e Jesus igualmente não para (João, 5:17). O trabalho cria uma afinidade incalculável com o Pai Celestial, isso naturalmente quando voltado ao bem-estar alheio.

Não podemos olvidar que ninguém é autossuficiente; todos nós temos carências. Assim, nada mais acertado do que buscar recursos divinos, força atuante em todo o Universo, casa de Deus.

Vamos narrar um episódio verídico ocorrido com um trabalhador da seara de Jesus, hoje no plano espiritual.

Frederico Figner, o irmão Jacob, autor do livro *Voltei*, psicografia do médium Francisco Cândido Xavier, foi um seareiro dos mais laboriosos, principalmente numa época em que padres e pastores protestantes assacavam inverdades contra o espiritismo.

O irmão Jacob foi incansável, jamais atacando, mas defendendo com coragem e determinação, colocando sempre a verdade acima da mentira, dissipando as trevas com as claridades evangélicas.

Após a sua desencarnação, ele se viu cercado por dezesseis padres embuçados, de aspectos sinistros, de punhos fechados para uma represália.

Em seguida, na tela mental do irmão Jacob, surgiram as lições de luz da Boa-Nova do Cristo, concernentes ao perdão aos inimigos.

Assim, tocado profundamente pelo desejo de atendê-los com amor, Frederico fez sincera oração, que lhe arrancou sentidas lágrimas.

Quando abriu os olhos umedecidos pelo pranto de emoção, notou que os adversários se afastavam cabisbaixos.

A seguir, ele notou que estava envolvido em branda luz.

Irmão Jacob jamais pensou em atacar os desafetos da doutrina espírita. O seu objetivo era tão somente defendê-la com convicção e coragem. Afinal, se estamos cultivando um canteiro de rosas, devemos libertá-lo das ervas daninhas, sobretudo das tiriricas que aumentam assustadoramente, sufocando as plantas de valor que servem para alegrar a nossa jornada, bem como as medicamentosas que, muitas vezes, são usadas no restabelecimento da saúde física.

O trabalho é oração, a oração é trabalho!

Normas de conduta

A humanidade, lamentavelmente, ainda não tem condições ideais para bem examinar e tirar conclusões acertadas com relação aos acontecimentos atuais, no que tange ao aspecto espiritual. A face da Terra apresenta-se conturbada, problemas de todas as naturezas enxameiam por toda parte, como prenúncio de dias mais amargos.

Quanto mais o homem cresce no seu conhecimento tecnológico, quanto mais se destaca na área do conhecimento, mais se afasta dos compromissos do sentimento, do coração; quanto mais se identifica com as conquistas materiais, mais se distancia dos deveres assumidos diante das Leis Divinas vigentes em todo o Universo.

É bem verdade que todos esses acontecimentos foram anunciados no Evangelho do Cristo, como o final dos tempos. Não que a Terra será destruída, porém, são dores superlativas que visitarão a Humanidade, como instrumentos de depuração interior. É o remédio que falta, por sinal dos mais amargos, para que os seres humanos acordem para a legítima realidade da vida.

A Humanidade vem desfrutando das claridades evangélicas por mais de vinte séculos. A Boa-Nova de Cristo jamais foi lida como atualmente. Contudo, as suas lições de luz e de amor ainda não foram devidamente vivenciadas. Não basta termos tais ensinamentos como temas de estudo, torna-se imprescindível aceitá-los jubilosamente como normas de conduta.

Incontáveis pessoas, apesar de terem conquistado de tudo que almejaram (carros, apartamentos, mansões), ao final de algum tempo, analisando-se intimamente, chegam à conclusão de que estão vazias... completamente vazias...

Jornadearam pelos caminhos do mundo, despreocupadas com as coisas de Deus... esquecidas das virtudes que aprimoram os seres. Complicaram-se de mil modos, quando não perderam o precioso tempo que a Providência Divina lhes proporcionou, como ensejo de aprimoramento espiritual... crescimento interior.

É fácil de se entender tais situações, levando-se em conta que somos viajores de múltiplas peregrinações aqui na Terra. Já desfrutamos de incontáveis existências, ocasião em que sempre buscamos lograr os tesouros terrenos, jamais os do Céu. Essa distorção de valores esteve presente em nossas existências dezenas de séculos, quiçá milênios. Assim, não é de um momento para outro que iremos nos libertar das imperfeições morais e dos vícios, corrigindo erros, aplainando arestas, quitando as dívidas contraídas.

Dois fatores de suma importância podem ser utilizados por nós, a fim de que as coisas se alterem progressivamente para melhor: a oração e o trabalho digno.

Orar é alar o espírito ao Eterno Pai, é implorar recursos espirituais, é se colocar em sintonia com as Leis que governam a Vida, atraindo para junto de nós forças incontestáveis que nos ajudarão a porfiar e vencer os obstáculos e espinhos da jornada, adquirindo valiosas experiências de enriquecimento espiritual. Orar sincera e humildemente, rogando os legítimos valores da vida, propondo-se a fazer de tudo, de tudo mesmo, para cumprir fielmente a máxima: "Amar a Deus acima de todas as coisas e ao próximo como a nós mesmos" (Mateus, 22:37 a 39).

Trabalhar é corresponder à Vontade Divina, sobretudo quando exercido com amor e desinteresse, voltado ao bem-estar alheio. O trabalho material afasta de nós a preguiça e a miséria. O espiritual, então, é excelente, pois é o caminho que nos leva a Deus.

Indispensáveis avaliações

O espírito humano é viajor de reiteradas jornadas, ou seja, múltiplas reencarnações. É exatamente por intermédio dessas diversificadas experiências que os seres humanos logram progresso intelectual, moral e espiritual. Não podemos esquecer a afirmativa de Jesus de que somos deuses em formação. Todos os recursos indispensáveis à nossa evolução estão adormecidos no imo de nossa alma.

Assim, como filhos de Deus, fadados à relativa perfeição, guardamos no íntimo do nosso ser os recursos essenciais, herdados do Pai Celestial. Tais valores precisam ser mobilizados para que possam se desenvolver, dando frutos sazonados. Se Deus é amor, conforme afirmação do apóstolo João (1ª Carta, 4:8), citados recursos, atualmente em estado latente, têm necessidade de movimentação na área do amor ao próximo.

É exatamente nos momentos de reflexões profundas, quando nos interiorizamos no âmago do nosso ser, a fim de procedermos a imprescindíveis avaliações, levantando dados com referência ao que foi feito e ao que não foi executado, tanto no campo do bem quanto no do mal, que o resultado obtido nem sempre corresponde ao nosso ideal.

A oração é sempre a melhor defesa. Trata-se de fator dos mais relevantes, faz com que Entidades amigas, desejosas de nos auxiliar, se ocupem em facilitar o nosso desejo, fortalecendo o nosso ideal. A aproximação desses abnegados benfeitores irá, igualmente, facilitar a realização das providências que culminem no êxito das nossas tarefas do dia a dia.

Jesus afirmou: "E tudo quanto pedirdes em oração, crendo, o recebereis" (Mateus, 21:22). Apesar da clareza meridiana das palavras do divino irmão, não podemos deixar de lado a lei do merecimento. Somente iremos lograr o nosso intento, se estivermos trabalhando de acordo com os ensinamentos do Evangelho do Cristo.

É inadmissível que um indivíduo que nada tenha feito em favor da coletividade alcance bons resultados nas suas rogativas. Se não ocuparmos o nosso tempo em ajudar o nosso próximo, como é que alimentamos esperança de sermos auxiliados pela Providência Divina? Se os nossos braços não se movimentam em proveito alheio, como é que podemos ser favorecidos pela Misericórdia Celestial?

O irmão Francisco de Assis foi bem claro quando fez constar da sua maravilhosa prece "(...) é dando que se recebe, é perdoando que se é perdoado (...)". Precisamos fazer jus à obtenção das dádivas espirituais. Deus é amor, mas é justiça também!

Antes de proferirmos uma prece, precisamos, evidentemente, serenar o nosso íntimo, libertando-nos de todos os fatos que possam toldar as nossas melhores vibrações;

depois, sim, em ambiente tranquilo, de coração livre de todas e quaisquer manifestações inferiores, isolados das coisas do mundo, podemos nos concentrar nos objetivos da oração, rogando, naturalmente, aquilo que o Pai Celestial amorosamente pode nos conceder.

As dificuldades próprias da nossa existência, cuja causa se perde no passado distante (outras existências), que interferem na nossa vivência atual, são colheitas de semeaduras antigas. Estão absolutamente de conformidade com o nosso mérito. Citados problemas deverão ser superados por nós mesmos, com boa vontade e perseverança, coragem e confiança em Deus. O resultado dessa luta irá nos fortalecer psiquicamente. Afinal, somos filhos de Deus!

Jamais abandonar os nossos ideais superiores!

Oração coletiva

Na oração individual, conforme vimos em capítulos anteriores, há necessidade de preparo íntimo, para que a prece encontre campo favorável na espiritualidade. A diferença não procede do Alto e, sim, de nós mesmos, que estabelecemos limitações, deixando de receber ou então recebendo menos do que nossas reais necessidades. A culpa é dos amigos espirituais?... Não! Absolutamente não!

Vale repetir que a oração não dispensa sinceridade e que a rogativa deve espelhar bem o motivo pelo qual está sendo proferida, enfocando as verdadeiras carências, ou seja, não fazendo referências a coisas materiais. Tudo que é da Terra precisa ser buscado com os próprios recursos de que dispomos.

A prece individual, sincera e humilde, significa muito aos olhos de Deus. Assim, a coletiva, quando alicerçada nos princípios elevados, tem muito mais poder. Todos os componentes do grupo vibrando num mesmo sentido a fim de lograr forças para enfrentar e vencer os obstáculos que normalmente se apresentam à frente. Por outro lado, se cada um do grupo estiver direcionando o seu sentimento e pensamento para um objetivo particular, aí a rogativa deixa de produzir os efeitos almejados. Nessa ocasião, estará falando mais alto o personalismo, ou melhor, o egoísmo de cada um.

Jesus deixou bem claro quando asseverou: "(...) onde estiverem dois ou três reunidos em meu nome, aí estarei eu no meio deles" (Mateus, 18:20).

Se tentarmos quebrar uma vara, não encontraremos resistência alguma, mas, se apanharmos uma dezena de varas, a experiência poderá não surtir efeito; contudo, se o fato ocorrer com uma centena delas, então, a nossa tentativa poderá resultar em vão.

Assim, uma pessoa orando logrará bons resultados e um grupo terá muito mais êxito se todos estiverem mentalizando a mesma meta, com sinceridade e desinteresse na realização do bem-estar alheio. A concordância de objetivos é, pois, fundamental. Todos vibrando como se tivessem um só coração, uma só alma, mantendo a concentração identificada no mesmo propósito.

Quando o grupo estiver bem unido, vibrando em benefício de alguém ou de uma comunidade, as vibrações emitidas se elevarão tanto quanto necessário, encontrando na Espiritualidade Maior a resposta almejada. Afinal, todas as preces merecem uma resposta, sempre subordinadas às necessidades e ao mérito das pessoas que estão sendo mentalizadas.

É de suma importância constituir grupos de oração, partindo dos nossos próprios lares, não só rogando o apoio dos mentores em favor de todos os presentes, mas prometendo, igualmente, cumprir a parte que cabe a cada um, tanto no estudo quanto na prática dos ensinamentos da Boa-Nova. Jamais se esquecendo de orar em benefício de todos os irmãozinhos que estejam enfrentando provas e expiações amargas.

Com a oração, traço de união entre a Terra e o Céu, estaremos higienizando o ambiente doméstico, auxiliando os espíritos que estejam presentes, carentes de ajuda e proteção espirituais.

Não podemos olvidar que o nosso lar está sempre sendo visitado por entidades necessitadas. Logo, nessas ocasiões, elas receberão o amparo de que tanto necessitam e partirão otimistas em busca de um porvir melhor. Até os espíritos obsessores, aqueles que têm algo conosco e que desejam o nosso fracasso, igualmente serão tocados pelas vibrações amorosas e, sensibilizados, muitas vezes, se afastarão definitivamente.

Em favor dos "mortos"

Já ouvimos dizer que a oração por aqueles que partiram para a Espiritualidade os traz de volta para o convívio da família, daí a razão por que, de forma alguma, oram por aqueles que nos antecederam na grande viagem ao desconhecido.

Em parte essa afirmativa está correta, porque a prece estabelece uma ligação com os que partiram para a Pátria Espiritual. Todavia, o que os informantes não querem, de modo algum, é a presença dos ditos mortos ao seu lado, temerosos pelo que possa ocorrer.

Na hipótese da visita de espíritos bons, somente poderão nos ajudar, interessados no bem-estar de todos. A presença deles unicamente irá proporcionar alegrias saudáveis. A visita de parentes e de amigos só poderá ser agradável, considerando-se, naturalmente, serem espíritos afins. No entanto, na hipótese de serem espíritos malévolos, que não nutrem os nossos ideais, seres ainda identificados com as sombras da retaguarda, eles também receberão as vibrações de amor nascidas no nosso coração e se sentirão menos infelizes, estimulados até, em muitos casos, a assumir nova postura diante da vida.

Jesus adiantou: "Onde estiver o vosso tesouro aí estará também o vosso coração" (Mateus, 6:21). Os espíritos que nos antecederam na grande viagem, se pertenceram à nossa família tanto física quanto espiritual, se os laços que nos prendem a eles forem de verdadeiro amor, eles estarão, sem dúvida, de quando em vez, ao nosso lado, gozando da nossa companhia. Os carentes permanecerão mais tempo; os simpáticos e conscientizados do real estado em que vivem, naturalmente, estagiarão por um lapso de tempo menor, até porque já sabem que na Pátria Espiritual terão tantas oportunidades de aprimoramento e evolução na medida dos seus esforços. Isso, porém, não invalida a necessidade das reencarnações como recapitulações de provas e cumprimento de resgates, se estiverem na pauta dos roteiros espirituais dos seres a caminho da luz e da redenção definitiva.

A oração aos ditos mortos somente poderá ajudá-los a alcançar os ideais de sabedoria e de amor, tão indispensáveis à jornada de refinamento interior. Deus nos criou para lograrmos, um dia, a relativa perfeição. Tal conquista demandará incontáveis experiências ao longo da nossa vida imortal, somatório de múltiplas vivências aqui na Terra.

As existências sucessivas, tantas quantas indispensáveis, são preciosos ensejos para corrigirmos os erros, resgatarmos os débitos, aplainarmos as arestas de imperfeições morais que persistem no nosso íntimo, além de nos proporcionar condições de progresso intelectual e espiritual.

A oração é luz intensa nascida no coração humano e

constitui remédio para todos os males. No caso dos desencarnados, representa não só um auxílio inestimável como também um bálsamo para os sofrimentos tão comuns nas suas experiências evolutivas, até porque todos têm sérios compromissos diante das Leis Soberanas que governam com Sabedoria e Amor todo o Universo.

Orar é ligar-se às fontes da vida infinita, recebendo os recursos importantes ao cumprimento das nossas tarefas. Assim como estamos ligados ao Pai Celestial de cima para baixo, se assim podemos nos expressar, precisamos igualmente nos ligar, agora, de baixo para cima. Essa ligação chama-se religião, ou seja, o encontro de dois amores: o amor de Deus, que busca o filho; e o amor do filho, que procura o Pai Eterno.

Precioso remédio

— Ritinha, meu bem, fique atenta. Mamãe está esperando um telefonema...

— O que a senhora vai fazer?

— Vou rogar a Jesus pela saúde do seu pai, no quarto junto à sua cama — respondeu a genitora.

O esposo estava acamado há uma semana. Os médicos haviam pedido uma bateria de exames, a fim de fazer um diagnóstico correto da enfermidade de Antônio.

Marta retirou-se por uns momentos, realizando o seu intento, rogar ao divino amigo pela saúde do esposo. Ela tinha o hábito de orar todos os dias, tanto de manhã quanto à noite. A filha vinha observando, há algum tempo, essa atividade da mãe. Assim que Marta retornou à sala, perguntou:

— Mamãe, a senhora tem certeza de que os seus pedidos serão ouvidos?

Ritinha tinha apenas doze anos de idade, mas revelava precocidade ímpar.

— Não só ouvidos, como também atendidos...

— Como assim, mamãe?!...

— Ritinha, quando a nossa oração é sincera e o pedido

baseado em atendimento viável, ou seja, com base nos recursos que Deus pode conceder, face ao nosso mérito, os resultados são sempre obtidos — esclareceu Marta, sorrindo.

— Se Deus é bom, como a senhora sempre fala, por que a necessidade de pedir?

— Porque, pedindo sinceramente, enfocando as nossas reais necessidades, isto é, não as supérfluas, mas sim aquelas que visam o nosso progresso moral, para que sejamos trabalhadores ativos na seara de Jesus, comprometidos com o bem e com a verdade, fatalmente seremos atendidos.

— Sei... Sei...

— Exemplificando: rogar saúde para poder trabalhar em benefício dos mais carentes...

— Realmente! — exclamou Ritinha, interrompendo a fala da genitora, deixando bem claro o seu interesse pelo assunto.

— A oração é conversa com Deus. Ele sempre responde. E, através da intuição, nós ficamos sabendo a Sua opinião a respeito. Ainda agora eu pedi pela saúde do seu pai. Sabe qual foi a sua resposta?

— Não sei!... Foi a senhora quem pediu!

— Como resposta, eu obtive a certeza de que seu pai, dentro de três dias, estará voltando às suas atividades profissionais. A prece trouxe ao meu coração essa convicção. Digo mais, a doença proporcionou ao seu pai momentos de reflexões muito valiosos. A enfermidade constituiu um remédio salutar para seu espírito, assim como os medicamentos materiais têm sido de grande valor para a reabilitação do seu corpo.

— Mamãe, então a doença é remédio?... Não entendo!

— Ritinha, nós precisamos parar de vez em quando, para fazer avaliações das nossas atividades. Afinal, ninguém nasceu para fazer turismo aqui na Terra. A nossa vida é precioso ensejo de refinamento moral e espiritual. Em contrapartida, não podemos descartar a oportunidade de acertarmos as nossas contas com a Contabilidade Divina, oriundas de equívocos cometidos em outras reencarnações.

— Certo, mamãe. Agora eu vou fazer o dever da escola. Depois falaremos de novo sobre o assunto. Licença!

Realmente, os dias passados na cama proporcionaram ao Antônio, uma renovação de princípios, para melhor, incalculável.

Obrigada, mamãe!

Face aos medicamentos prescritos pelo médico e o repouso recomendado, bem como as orações da esposa, Antônio melhorou a olhos vistos. O quadro clínico, agora, era de otimismo. Não podemos deixar de consignar, também, o papel preponderante da alimentação adequada ao seu caso.

Assim, após os três dias estimados pela esposa, Antônio estava totalmente recuperado, voltando ao trabalho para a alegria da família e dos companheiros de profissão. Não podemos olvidar que o trabalho representa saúde e bem-estar físicos. Todavia, o espiritual traz saúde e equilíbrio íntimos, fatores indispensáveis à nossa vida.

Marta estava na sala refletindo sobre os últimos acontecimentos e, mais precisamente sobre a enfermidade do esposo, um tanto esquisita, quando a filha aproximou-se, sentando-se ao seu lado no sofá.

— Mamãe, vamos recomeçar a conversa do outro dia, interrompida? — perguntou Ritinha, carinhosamente, de olhos vivos.

— Sobre o quê falávamos, mesmo?

— Sobre o valor da prece.

— Ah!... Já sei. Ritinha, a oração é valioso recurso de que dispõe a Humanidade para lograr aquilo que realmente precisa. A prece movimenta as recônditas energias do coração. Contudo, jamais devemos esquecer a humildade e a simplicidade que deverão revesti-la, além, naturalmente, de estar de consciência limpa.

— De consciência limpa?! Como assim?

— Não alimentar ressentimentos contra quem quer que seja. Jesus foi claro ao recomendar: "Quando estiverdes orando, se tendes alguma coisa contra alguém, perdoai, para que vosso Pai que está nos Céus, vos perdoe as vossas ofensas" (Marcos, 11:25).

— Mamãe, então Deus perdoa os nossos pecados?... Como entender o sofrimento da Humanidade? — Ritinha estava atenta.

— O perdão Divino, Ritinha, não corresponde ao cancelamento das responsabilidades humanas. Deus perdoa proporcionando aos Seus filhos mil e uma oportunidades de redenção, com o pagamento das dívidas, através das reencarnações sucessivas. Quem plantar espinhos na vida do próximo, também colherá espinhos na próxima existência, cedo ou tarde. Ritinha, nós somos imortais; logo, teremos todo o tempo necessário para saldar as nossas contas. O Pai Celestial não tem pressa, a pressa é toda nossa; tenhamos sempre em mente: "Quem não irá pelo amor, irá fatalmente pela dor".

— Mamãe, ainda com relação à prece, tem muita gente que ora sem obter êxito. Por quê?

— Além das condições citadas, é preciso que o pedido seja justo e formulado com perseverança. Devemos acrescentar ainda, Ritinha, que o sofrimento é remédio adequado à nossa alma enferma. Se o indivíduo tem necessidade de curtir a dor como elemento de depuração interior, não é a oração que irá libertá-lo. Todavia, nessas ocasiões, ele será favorecido pelo acréscimo de misericórdia, minimizando o sofrimento e dando-lhe forças e confiança na Providência Divina, fatores que muito o auxiliarão no resgate de delitos cometidos em existências pretéritas.

— Mamãe, onde a senhora aprendeu tantas coisas verdadeiras e bonitas?

— Nos livros espíritas. No próximo ano iremos inscrevê-la na Evangelização do Grupo Espírita "Candeia Acesa".

— Obrigada, mamãe!

Redenção definitiva

A oração é divina manifestação de nossa alma, participação ativa das forças positivas do Universo. É compartilhar de todas as atividades saudáveis, atraindo elementos regeneradores que corrigem e fortalecem os princípios de vida atuantes em toda parte.

Entretanto, orar, avaliando a própria pequenez e procurando humildemente os recursos essenciais ao progresso espiritual, é reconhecer a grandeza do Poder Supremo, fonte de todos os valores imprescindíveis à vida, vigente em todos os departamentos do Universo.

É suplicar, conscientemente, à Providência Divina, as condições necessárias, a fim de bem entender e realizar tudo que esteja na nossa programação de trabalho, concernente à nossa redenção definitiva. Jamais esquecer que toda criatura humana nasce com uma finalidade superior a cumprir, ou seja, participar das tarefas que visam à evolução individual e coletiva dos seres humanos, motivada pela própria transformação íntima.

A melhor oração é exatamente aquela que visa o bem-estar alheio suportando, para tanto, se necessário, até sacrifícios. É a forma mais legítima da prece, traduzida em amor ao próximo, incondicional e desinteressado, em atenção aos aconselhamentos do Cristo, na sua Boa-Nova de luz.

Não exigir nada, somente rogar apoio, ajuda espiritual, a fim de vencer os obstáculos do caminho. Abrir as comportas da alma rogando condições ideais para superar os empeços da jornada. Afinal, nós sabemos que a Terra ainda é planeta de provas e de expiações. Logo, o mais natural é encontrarmos dificuldades de todas as naturezas no transcurso de nossa existência. Ninguém nasce para fazer turismo. A meta a conquistar é a nossa perfeição moral, intelectual e espiritual.

Quem ainda não sentiu momentos de indecisão, fraqueza, dúvidas, diante dos percalços tão comuns à vida humana? A oração, nesses instantes de fragilidade, representa o precioso medicamento que irá nos proporcionar reequilíbrio, saúde, tornando-nos fortes e decididos, corajosos e confiantes.

Jesus era um com o Pai (João, 10:30), porque sempre foi fiel e autêntico representante de Deus entre os homens, ou seja, cumpria os Desígnios Divinos sem restrição. Quando é que nós poderemos ser um com Jesus?... No momento em que passarmos a vivenciar fielmente os seus ensinamentos de amor a Deus e ao nosso próximo, constantes no seu Evangelho, roteiro seguro das nossas almas.

Quando falará mais alto no nosso íntimo os deveres cristãos e muito menos a aquisição de valores materiais? Não que as coisas do mundo não sejam necessárias. Afinal, o corpo é o nosso instrumento de trabalho aqui nesta habitação terrena. Todavia, não devemos jamais nos apegar aos valores perecíveis e transitórios em detrimento dos eternos.

Paulo de Tarso foi tão fiel às lições da Boa-Nova, que, a certa altura da sua vida, ele afirmou: "(...) e vivo, não mais eu, mas Cristo vive em mim (...)" (Epístola aos Gálatas, 3:20).

O apontamento não deixa margem de dúvida. Quanto mais participarmos da vida do próximo, no sentido de divulgar a verdade que liberta o homem dos enganos e delitos, praticando a lei do amor que sublima o ser a caminho da luz, mais perto estaremos de lograr a redenção almejada.

Fontes de energias

Através da prece sincera, escoimada de todo e qualquer sentimento subalterno, atingiremos esferas espirituais mais elevadas, entrando em comunicação com Entidades benévolas que administram a vida em nome de Deus e de Jesus.

São fontes de energias salutares, que nos auxiliarão a manter o equilíbrio tanto espiritual quanto físico. Assim, fortificados, teremos melhores condições de ampliar as nossas conquistas transcendentais, com a eliminação paulatina das nossas imperfeições morais.

Afinal, não podemos descuidar de que o orgulho e o egoísmo assemelham-se a ervas daninhas cujos resultados são altamente prejudiciais às melhores florações de virtudes que porventura venham a germinar em nossos corações.

Somente as energias amorosas e sinceras da prece nos colocam em condições íntimas de receber e absorver plenamente os recursos espirituais que nos forem destinados, mercê do acréscimo de misericórdia do Poder Supremo.

Isso ocorre não como privilégio, absolutamente! Deus concede, a todos os Seus filhos, bênçãos incontáveis. Nós é que deixamos de receber, por não estarmos ligados a Ele pelo sentimento e pensamentos puros, harmonizados com as Suas sábias e justas leis, eternas e imutáveis.

O corpo humano não pode dispensar alimentação adequada para desfrutar de saúde e condições ideais para servir de instrumento ao nosso espírito, viajor de incontáveis peregrinações de aprimoramento no vaso físico. Por outro lado, não podemos nos descuidar do aspecto espiritual, fazendo uso também de recursos enobrecidos, concernentes a estudos e trabalhos dignos, além da oração que é ponte de luz que nos propicia alcançar as regiões mais elevadas, fontes de energias sublimadas indispensáveis ao nosso equilíbrio interior.

Face ao exposto, chegamos obviamente à conclusão de que a prece representa incalculável força positiva, sobretudo quando direcionada em favor das criaturas humanas fracas e sofridas, fortalecendo-as física e espiritualmente, capacitando-as a vencer as duras lutas da jornada. Afinal, não podemos nos esquecer de que a nossa vida foi cuidadosamente programada na Espiritualidade e que tudo está subordinado ao nosso mérito.

É bem verdade que o que foi devidamente programado somente diz respeito ao nosso passado, e que, em face do previamente estabelecido, prometemos realizar tarefas voltadas ao bem-estar dos nossos semelhantes, sempre do agrado de Jesus. Assim, muitos acontecimentos que se farão presentes em nossa existência retratam também atividades assumidas por nós na atual peregrinação terrena.

Logo, com coragem, determinação e confiança em

Deus, as vicissitudes do nosso viver serão menores; em contrapartida, as alegrias serão maiores e duradouras.

Jamais deixemos de lado o salutar hábito de fazer orações à noite, agradecendo o dia de aproveitamento espiritual de estudo e de trabalho; rogando, ao mesmo tempo, uma noite de repouso e tranquilidade. Pela manhã, agradecendo a noite de descanso e refazimento orgânico e pedindo um dia dos mais proveitosos, cuja finalidade esteja sempre voltada ao amor a Deus e ao nosso semelhante.

A oração é o pão espiritual!

Não existe milagre!

Somente poderemos desfrutar de uma vida plena de resultados jubilosos, se houver harmonia interior perfeita, com base nas virtudes evangélicas. Não é fácil alcançarmos esse patamar de conquistas, até porque não podemos esquecer que a Terra ainda é planeta de provas e de expiações, dores e árduas experiências.

No entanto, todos os fatores de progresso estão à nossa disposição. A prece, por exemplo, nos propicia vivência salutar com Entidades de luz que almejam ardentemente a nossa reabilitação. É exatamente nesses momentos de integração com as esferas espirituais benfazejas que logramos atingir estágios íntimos de júbilos edificantes.

Não fosse a possibilidade desses encontros salutares, através do pensamento, e, por certo, teríamos ainda mais acentuadas as nossas vicissitudes. Nesses contatos, adquirimos condições de refazer as nossas energias nas fontes saudáveis que suprem a atmosfera terrestre de vida e equilíbrio atuantes em todos os seus departamentos, conforme os Desígnios Divinos.

Através da oração sincera, voltada para os valores superiores da vida, lograremos ensejos de poder detectar e avaliar as nossas imperfeições morais, fruto do orgulho e do egoísmo, que tanto têm prejudicado a Humanidade no transcurso dos milênios. Fazendo assim, ganharemos forças para poder vencê-las uma a uma, limpando o caminho que devemos percorrer, ainda, lamentavelmente, pleno de pedras e de espinhos, de erros e de equívocos assumidos no nosso pretérito. Porém, o êxito em superá-los serão conquistas de bênçãos transcendentais.

Perseveremos, pois, nos ideais superiores, assim, caso venhamos a tropeçar nos obstáculos criados por nós mesmos ao longo das nossas peregrinações terrenas, os benfeitores espirituais nos erguerão fraternalmente. As orações, nessas oportunidades de reabilitação, serão a ligação sutil a nos contatar com as esferas superiores, fontes de todo o bem.

Não existe milagre. Tudo obedece à sábia e justa Vontade Divina que prevê, com equidade, todas as necessidades existentes no Universo, casa de Deus. Nesse aspecto, vale lembrar que cada um de nós edifica o seu próprio destino. Assim, procurando agir corretamente em todos os sentidos, mormente em termos espirituais, erraremos menos e acertaremos mais, ou melhor, jamais erraremos e acertaremos sempre, valorizando o nosso viver e diminuindo o espaço de tempo que ainda, infelizmente, nos distancia das esferas de luz e de amor infinitos.

Como criaturas ainda vinculadas ao pretérito de responsabilidades, não podemos ignorar o benefício que a prece representa como terapia poderosa e infalível, não só minimizando o nosso sofrimento, mas até, em alguns casos, estabelecendo a saúde física e espiritual, desde que tenhamos mérito para tanto.

Jesus foi claro quando afirmou: "A cada um conforme as suas obras" (Mateus, 16:27). Não fosse assim e Deus não seria infinitamente justo. Todavia, os resultados obtidos através da oração, quando sincera, cumulam o nosso coração de energias poderosas, portadoras de vida saudável.

A prece, como vimos, é caminho seguro para conquistas enobrecidas. Jesus, apesar de ser um com o Pai Celestial, jamais abandonava o hábito da oração (Mateus, 14:23).

O trabalho é oração

A sublimidade da oração é, sem dúvida, a ligação do nosso espírito com os benfeitores amigos, que jamais deixarão de nos auxiliar através de valiosa orientação, a fim de superarmos os obstáculos da nossa jornada evolutiva.

No entanto, não podemos olvidar que os aconselhamentos recebidos precisam ser colocados em prática; sem essa vivência, nada será logrado. A teoria é indispensável à nossa vida, porém a prática é essencial.

Nessa altura, temos que reconhecer que o trabalho realizado, tanto material quanto espiritualmente, não pode ser colocado à margem do nosso viver.

Nas anotações do Evangelho nós vamos encontrar um precioso apontamento, qual seja: "Meu Pai trabalha até agora, e eu trabalho também" (João, 5:17). O trabalho é, portanto, condição da própria vida. Deus não para de trabalhar, Ele que é o Arquiteto do Universo. Jesus como fiel cumpridor das Suas sábias e justas leis, também labora sem cessar. Assim, nós que somos ainda falíveis, como é que devemos proceder diante da nossa fragilidade e insipiência?

Podemos adiantar, sem laborar em erro, que o trabalho é uma oração, é luz nas sombras, quando a criatura o realiza com amor, cujo objetivo é auxiliar o seu semelhante. Entretanto, quando a meta é unicamente angariar mais e mais recursos materiais, dando expansão ao egoísmo, não constitui oração, e, sim, simplesmente cadeia de sombras e de sofrimentos reparadores.

Uma dona de casa interessada em fazer o pão diário, a fim de alimentar a família e demonstrar o seu carinho por todos os integrantes do lar, manuseia a massa com cuidado, juntando os ingredientes obrigatórios. O resultado do seu trabalho será, sem dúvida, coroado de êxito, pois, além dos elementos nutrientes necessários, ela coloca o seu amor, que é, inegavelmente, o fator primordial.

Outra dona de casa se mobiliza na realização da mesma tarefa, porém, nutrindo sentimentos subalternos, pois, segundo ela, poderia estar desfrutando do tempo em outros afazeres mais agradáveis, ou mesmo descansando. A sua meta é, igualmente, alimentar sua família. Contudo, ela cuida somente de cumprir o seu dever, lastimando não poder se ocupar de coisas que lhe dão prazer.

— Veja só que trabalho!... O que falta aqui em casa é o dinheiro para comprar o pão. Nesta altura, eu bem que poderia estar cuidando do meu aspecto pessoal... Que vida a minha!... — monologa com os seus botões, literalmente insatisfeita.

No primeiro caso, o pão realmente irá matar a fome de todos que se alimentarem com ele; desfrutarão de um bem-estar inigualável. No segundo, o alimento será pesado, a digestão difícil, o equilíbrio espiritual correrá risco, em virtude de o pão estar impregnado de vibrações inferiores.

Todo trabalho efetuado com amor é uma prece, através dele nos identificamos com esferas espirituais habitadas por Entidades de luz que cumprem a Vontade Divina, trabalhando, também, não somente em benefício próprio, como igualmente em favor de toda a Humanidade, romeiros das vias do Infinito.

Não podemos desconsiderar ainda que a nossa felicidade decorre da nossa relativa perfeição. Somente a Perfeição Divina é infinita. Todavia, à medida que o tempo flui, iremos como filhos de Deus, entrando de posse dos seus Atributos de Grandeza.

Concentração e prece

Se a nossa meta, no momento, é fazer uma oração, o primeiro passo é nos concentrarmos, ou seja, isolarmo-nos de todo e qualquer pensamento de natureza que possa colidir com o ato de orar. O nosso desejo é estabelecer contato com os amigos espirituais, cuja finalidade é lograr recursos necessários para poder vencer os rudes obstáculos do nosso dia a dia.

A boa concentração exige preparação. Não podemos colocar em segundo plano o aconselhamento de Jesus: "Vigiai e orai, para não cairdes em tentação" (Mateus, 26:41). A preparação é tarefa íntima de todos os instantes. Não podemos esquecer que as conquistas puramente materiais exigem adequados aprendizados e experiências específicas, sem o que o nosso empenho será frustrado.

O mesmo ocorre com os nossos pensamentos, sentimentos, palavras e atos, que precisam manter estreita conexão com as lições evangélicas. É bem verdade que dificilmente encontraremos pessoas ostentando tais condições íntimas. Isso não quer dizer que não possamos também nos habilitar ao intercâmbio com as Entidades de luz do plano espiritual.

No entanto, estamos aqui levantando as condições ideais para se realizar uma oração proveitosa, isto é, nascida no nosso coração, e que realmente atinja o alvo das nossas mentalizações. Todas as pessoas podem e devem orar. Afinal, não podemos dispensar, de modo algum, o amparo dos benfeitores amigos. Ninguém é autossuficiente.

É exatamente pelo exercício e repetições, tantas quantas forem primordiais, que iremos adquirindo condições e capacidades imprescindíveis na obtenção de bons resultados.

No início deste capítulo, destacamos ser necessária a preparação, isto é, lutar estoicamente contra as imperfeições morais e os vícios que moram no nosso interior, esquecendo de vez as mazelas alheias, corrigir os nossos erros, quitando as dívidas, expiando os delitos. Assim, passo a passo, iremos desenvolver e aperfeiçoar as virtudes que residem no nosso coração e que, ainda, lamentavelmente, estão em estado latente, adormecidas.

O apóstolo Tiago, na sua epístola, afirmou: "(...) a oração feita por um justo pode muito em seus efeitos (5:16). Por quê? Porque o justo tem como hábito orar pedindo recursos que visam o bem-estar alheio, sincera e desinteressadamente, de coração limpo e consciência tranquila.

Um fator importante, que não pode ser descartado: orar de olhos fechados, concentrando-se como é necessário, a fim de que a nossa rogativa não seja em vão.

De olhos fechados?!... Sim, para que o nosso pensamento não fique dispersivo. Com os olhos abertos vai ser difícil, até impossível, disciplinarmos a nossa mente, dirigindo-a para a meta da nossa oração.

Não podemos olvidar, jamais, que os problemas do mundo ainda absorvem fortemente as nossas emoções, falando mais alto aos nossos sentidos físicos. Logo, de olhos fechados estaremos vigilantes contra esse tipo de interferência. Dessa forma, com os nossos pensamentos e sentimentos educados, atingiremos com mais facilidade o alvo da nossa prece. As nossas mentalizações, livres das imantações materiais de toda ordem, retratarão melhor a nossa vontade, logrando êxito junto à Espiritualidade Maior.

A prece é manifestação de fé!

Betinho, o trabalhador

O trabalho é uma das facetas mais significativas da oração, sobretudo quando voltada ao bem-estar alheio. Vamos citar o exemplo expressivo de uma vida que sensibilizou a opinião pública, pelo testemunho cristão que legou a todos nós, com coragem e determinação, apesar da enfermidade pertinaz que grassava no seu organismo fisiológico. Jamais deixou de amar ao seu semelhante, ratificando, sem qualquer sombra de dúvida, o seu legítimo amor a Deus.

Estamos falando do sociólogo Herbert de Souza, o Betinho, hoje na Pátria Espiritual. A sua vida foi uma retratação dos seus sentimentos enobrecidos, sempre direcionou suas ações no sentido de sanar, ou pelo menos, minimizar as aflições do próximo. As suas atividades destinavam-se às camadas mais sofridas da coletividade: os bolsões de miséria existentes em toda parte, principalmente na periferia das grandes cidades.

O Brasil, lamentavelmente, vive marcante contraste, com possibilidade de ser o celeiro do mundo pela extensão e fertilidade de suas terras, bem como mantendo consideráveis estoques reguladores de cereais; em contrapartida, milhões de brasileiros passam fome, sofrendo carências de todos os matizes.

O desequilíbrio em trato tem como fundamento principal a ambição desenfreada dos líderes, que procuram administrar os diversos departamentos de atividades humanas, conforme a cartilha do seu egoísmo.

Não podemos deixar de lado que o egoísmo tem infelicitado a Humanidade desde os seus primórdios, constituindo a antítese da caridade, a maior virtude. O apóstolo Tiago deixou bem clara a questão, quando afirmou na sua epístola (2:18), ou seja:

— "Tu tens a fé, e eu tenho as obras; mostra-me a tua fé sem as tuas obras, e eu te mostrarei a minha fé pelas minhas obras".

Betinho, durante a sua preciosa vida, deixou falar eloquentemente o seu coração, revelando a todos nós o tamanho da sua fé através das suas generosas obras de auxílio incondicional e desinteressado, em favor dos seus irmãos sofredores e aflitos flagrados em toda parte, mormente nas camadas mais pobres da população brasileira.

Betinho vivia em constante trabalho, ou seja, em oração, cumprindo fielmente o seu dever cristão, nas tarefas de atendimento que realizava com amor, das mais dignificantes; estava, portanto, ligado ao Pai Celestial, permanentemente. Sobre o assunto, julgamos oportuno transcrever uma belíssima página de Léon Tolstói. Ei-la:

"Um sacerdote, vendo um lavrador que guiava um arado, aproximou-se, perguntando-lhe:

— Se soubesses que ias morrer ainda esta noite, em que empregarias o resto do dia?

— Em arar — respondeu o campônio.

O sacerdote esperava que o bravo lavrador lhe dissesse que passaria o tempo confessando-se, rezando ou na Igreja.

Admirando-se da resposta que havia recebido, pensou um momento e disse:

— Meu amigo, tu deste a mais sábia resposta que se pode dar, porque arar é orar. A oração do trabalho é sempre satisfatória."

Betinho, inteligentemente, soube escolher o melhor caminho, vencendo obstáculos seculares, amando a Deus e aos seus semelhantes como a si mesmo.

A vaca leiteira

Incontáveis pessoas duvidam do valor eficaz da prece, isso porque jamais seus pedidos foram satisfeitos.

As rogativas através da oração precisam estar plenas de sinceridade, focalizando recursos que a Providência Divina pode dispensar em favor do solicitante. Jamais esquecer que Deus é Espírito e deve ser buscado em espírito e verdade.

Os pedidos com base em conquistas puramente materiais, jamais lograrão êxito, a não ser quando se desejam recursos para melhor atender a necessidade alheia, e Deus, que é onisciente, conhecedor profundo das nossas qualidades morais nos atende, pois Ele ajuda os homens através dos próprios homens.

O importante é a natureza íntima dos nossos pedidos. O Pai Celestial jamais nega atendimento às nossas rogativas, quando solicitamos paciência, compreensão, solidariedade nas nossas atividades junto aos nossos semelhantes, sobretudo quando o nosso desejo é tão somente ajudá-los a vencer as asperezas de suas jornadas evolutivas.

Não há oração sem resposta!... Contudo, esta sempre fica na dependência da natureza e sinceridade do pedido.

Quando a rogativa tem como fundamento o amor desinteressado e incondicional, a Providência Divina tomará conhecimento do seu teor, nunca deixando de nos atender. Às vezes, não como nós formulamos o pedido, pois o Pai Celestial conhece melhor as nossas reais necessidades que nós próprios.

Para ilustrar a nossa afirmação, vamos narrar um caso bastante significativo, que ratifica a nossa opinião.

Uma família residente numa pequena chácara vinha enfrentando sérios problemas relativos ao seu sustento. Lamentavelmente, o grupo era constituído de pessoas indolentes, que não se dedicavam ao estudo e, muito menos, ao trabalho. Logo, a necessidade de toda sorte fizera moradia nesse lar desprotegido. O mato tomava conta de todas as terras da chácara, ameaçando, inclusive, invadir a moradia.

O espírito protetor da família estava preocupado com a grave situação. O único alimento de que dispunha era o leite tirado diariamente de uma vaca. Assim, o espírito protetor julgou indispensável levar o problema ao seu superior, solicitando uma providência, no sentido de minimizar ou solucionar de vez a aflitiva situação.

Dias depois, a vaca morreu. O protetor familiar ficou desesperado com o acontecido. Agora, sem dúvida, as coisas iriam piorar mais!... A família perdera o alimento cotidiano!...

No entanto, com o fluir dos dias, o protetor observou, satisfeito, que todos os integrantes do grupo tomaram a iniciativa de capinar o mato e plantar verduras e legumes. O pequeno pomar, até então, completamente abandonado, mereceu cuidados especiais. Finalmente a família acordara para a realidade da vida!

A providência tomada, em boa hora, pelos benfeitores amigos, dera resultados excelentes. A partir daí, não faltaram verduras e legumes frescos, além de frutos saborosos e nutrientes. A atmosfera, outrora de preocupação, agora era de festa entre todos os integrantes do grupo familiar.

A Providência Divina também age dessa forma, nos proporcionando os recursos indispensáveis ao suprimento das nossas reais carências. Uma coisa é certa: quando a rogativa é sincera, retratando as nossas legítimas necessidades, o atendimento não se faz esperar.

Pedir, saber pedir e merecer

Deus tem conhecimento pleno do nosso passado e do nosso presente. Tem, portanto, capacidade de projetar o nosso futuro. É bem verdade que, de posse do livre-arbítrio, podemos perfeitamente melhorar ou piorar o nosso porvir. Cada um é autor do seu próprio destino.

Entretanto, se o Pai Celestial conhece os escaninhos profundos da nossa alma, tem conhecimento das nossas fraquezas e necessidades, mazelas íntimas e comprometimentos morais. Isso nos leva a concluir que, sendo Pai de Sabedoria e Misericórdia, poderá nos atender sem que precisemos formular rogativas a respeito.

Não é bem assim. As criaturas humanas, quando tomam a iniciativa de rogar sinceramente, com humildade, abrem as comportas do seu coração, ou seja, tornam-se receptivas, absorvendo as energias de saúde e equilíbrio oriundas das esferas mais elevadas.

Por outro lado, quando o indivíduo se considera autossuficiente, ou não crê na existência de Deus, ele se torna refratário, isto é, repele as energias salutares disseminadas na atmosfera terrestre. Não é Deus, nem Jesus, nem as Entidades amigas que estabelecem diferenças no atendimento. O insucesso é apenas da pessoa que não se posicionou íntima e adequadamente para receber e reter as dádivas espirituais oferecidas.

Há outro aspecto da questão que, igualmente, deve ser levado em conta: saber pedir. Não podemos, de forma alguma, rogar a Deus concessões materiais, nem tampouco aquilo que irá contrariar o determinismo da nossa vida. Pedindo, porém, compreensão, paciência, tolerância, disposição para o estudo e o trabalho digno, por certo receberemos, pois, são recursos importantes à nossa existência. O atendimento espiritual daquilo que é justo, rogado com sentimento sincero e humilde, sempre encontra receptividade nas camadas mais elevadas da vida espiritual.

Outra faceta da questão, digna de registro, é que, aquele que pede, deve fazer jus aos recursos solicitados. Incontáveis vezes pedimos, sabemos pedir, mas não merecemos a concessão. Assim, sem estarmos de posse do mérito necessário, deixamos de ser aquinhoados com aquilo que foi objeto da nossa solicitação. A culpa é de Deus?... Absolutamente!... É exclusivamente nossa, não podemos ignorar a programação adrede estabelecida pelas Entidades superiores, com relação aos obstáculos próprios da nossa jornada de provas e de expiações indispensáveis ao nosso aprimoramento íntimo e progresso moral e espiritual. No pretérito semeamos espinhos na vida do nosso semelhante, agora é chegada a hora da colheita. Nada mais justo!...

Não podemos ignorar, em momento algum, que as Leis Divinas governam o Universo com Sabedoria, Justiça e Amor infinitos. Logo, não podemos admitir falha alguma nos seus ditames, por menores que sejam. Não há filho privilegiado gozando bens imerecidos, nem tampouco inocentes sofrendo na face da Terra, passando por situações aflitivas que não tenham conotação com o plantio que foi realizado em existências pretéritas.

O espírito tem liberdade para fazer o que bem entender, tem à sua disposição tantas encarnações quantas forem necessárias ao seu burilamento interior, nos aspectos intelectual, moral e espiritual. Assim, de posse desses recursos, ele sempre responderá pelas suas ações. Nada mais certo!... Afinal, "(...) com a medida com que tiverdes medido, vos hão de medir a vós" (Mateus, 7:2), afirmou nosso Divino Mestre.

O poder da prece

Como devemos entender o valor da prece, face à advertência de Jesus "(...) a cada um conforme as suas obras?" (Mateus, 16:27).

Se nós recebemos aquilo que está de acordo com a nossa faixa de merecimento, como aceitar o poder da oração no campo da terapêutica espiritual?

O problema, da maneira como está configurado, nos leva a concluir pela ineficácia da prece, pois ela seria, em última análise, uma derrogação das Leis Divinas, distribuindo as Suas dádivas àqueles que tivessem a iniciativa de rogar.

Assim, somos forçados a buscar uma solução racional para o tema, de vez que não podemos sequer admitir que Deus, soberanamente justo e bom, tivesse um comportamento incompatível com a Sua grandeza, adotando parcialidade no atendimento das necessidades dos Seus filhos.

Iremos, na modéstia do nosso trabalho, tentar uma explicação convincente que possa atender a avidez do nosso espírito sequioso de progresso, dirimindo a dúvida para que o nosso conhecimento tenha base sólida e indestrutível.

Vejamos através de um exemplo: uma pessoa tem uma

ferida incurável em uma de suas pernas, que lhe causa sofrimentos indescritíveis, somente amenizados com a medicação prescrita pelo médico consultado a respeito. Se o paciente não fizer uso dos remédios recomendados, a dor aumentará; usando-os regularmente, o sofrimento diminuirá, ficando suportável.

Aí temos uma imagem do que ocorre com a prece. Ela é o remédio infalível nas nossas dores, principalmente para aquelas que estão sediadas na alma, originárias de nossas imperfeições seculares. A prece não irá eliminar a doença, como num passe de mágica; ninguém foge ao determinismo que constitui a colheita dos males que produziu em outras experiências na carne, em detrimento dos seus semelhantes.

Todavia, a prece age da mesma forma que o remédio indicado pelo facultativo, capaz de amenizar o sofrimento, tornando-o suportável. Deus não diminui o nosso fardo de responsabilidades, porém o nosso espírito, fortificado com energias espirituais, logra condições mais favoráveis para suportar as provas e as expiações que fazem parte do nosso processo evolutivo.

A prece é poder outorgado por Deus aos Seus filhos. Portanto, de modo algum tem o condão de derrogar as Leis Soberanas, Justas e Imutáveis. No entanto, representa inegavelmente o bálsamo indicado, capaz de minimizar a intensidade da dor, tornando-nos receptivos às energias salutares dos mentores espirituais que laboram com amor na Seara do Senhor, com vistas ao progresso infinito da Humanidade.

O atendimento divino irá intensificando-se, paulatinamente, na mesma medida em que nós nos interessarmos em ajudar o nosso próximo, até porque alguém já disse com muita sabedoria que Deus ajuda os homens através dos próprios homens. Assim, na proporção em que nos propormos a resolver os problemas alheios, o Pai Celestial encontrará, logicamente, campo íntimo propício para poder igualmente suprir o nosso espírito dos recursos que nos forem indispensáveis.

As lições de luz e de amor do Evangelho do Cristo são claras, não comportando dúvidas. Somente é legitimamente cristão aquele que vivencia os ensinamentos da Boa-Nova do Mestre incomparável.

O fariseu e o publicano

Os apontamentos do evangelista Lucas, capítulo 18, versículos 10 a 14, nos dão conta de que dois homens subiram ao templo para orar: um fariseu e um publicano. O fariseu vangloriava-se de não ser como os demais homens, ladrões, injustos e adúlteros; nem tampouco como o publicano presente. Jejuava duas vezes por semana e doava dízimos de tudo quanto ganhava.

O publicano permanecia de longe, de cabeça baixa, batia no peito, dizendo: "Ó Deus, tem misericórdia de mim, pecador!".

Ao encerrar o caso, Jesus afirmou: "Este desceu justificado para sua casa, e não aquele; porque aquele que se exalta será humilhado, e aquele que se humilha será exaltado".

O ensinamento é dos mais expressivos. Quem comparece ao templo para orar, não deve levar no imo do coração senão humildade, desejo ardente de lograr valores espirituais. Para tanto precisa estar motivado de sinceridade, rogando tão somente valores que a Providência Divina pode dispensar.

Afinal, "Deus é Espírito e importa que os que O amam

façam-no em espírito e em verdade", conforme bem esclareceu o nosso Divino Amigo, no diálogo que manteve com a Samaritana nas proximidades do poço de Jacó (João, 4:24).

É nos escaninhos mais profundos da nossa alma que devemos alimentar sentimentos de compreensão, tolerância, fraternidade e amor, virtudes constantes da Boa-Nova do Senhor. Quando tais qualidades morais estiverem morando no nosso íntimo, por certo Jesus será o hospedeiro do nosso coração.

Citadas conquistas não são fáceis de serem logradas; no entanto, com boa vontade e perseverança nesse ideal, obteremos vitória ao longo das nossas experiências; não como os sucessos do mundo, mas como os benfeitores espirituais almejam para a nossa felicidade e libertação definitivas.

Felicidade que jamais perece, não como a do mundo, frágil, quebradiça, instável. Libertação das coisas enganosas que tanto têm infelicitado a Humanidade durante suas experiências terrenas. Sejamos, pois, inteligentes, cuidando do corpo, sim, pois ele é o instrumento necessário ao nosso aprendizado de agora. Logo, torna-se obrigatório cuidar dele com muito zelo e carinho, jamais destruindo-o com vícios e excessos de todos os matizes.

Por outro lado, não podemos descuidar do nosso espírito, viajor de incontáveis jornadas, estudando o Evangelho do Cristo e a doutrina espírita, vivenciando suas preciosas lições de luz e de amor. Esse é, inegavelmente, o alimento nutriente do nosso espírito, ávido de progresso transcendental.

O corpo desaparece com a morte física, o espírito é imortal. As coisas da Terra ficam na Terra; os valores espirituais acompanham o ser aonde ele for, favorecendo-o na sua caminhada evolutiva.

Sejamos, pois, como o publicano, reconhecendo as nossas fraquezas e limitações, que ainda, lamentavelmente, são muitas, combatendo-as tenazmente até o êxito final. Jamais devemos dar crédito ao comportamento do fariseu, que se julgava íntegro, sem mácula, completamente isento de qualquer responsabilidade.

A prece, quando sincera e humilde, é fonte de inigualáveis bênçãos!

Primeiro a reconciliação

O ensinamento do Divino Messias, abaixo transcrito, não deixa qualquer dúvida no que tange ao seu legítimo significado; é de uma clareza irrepreensível. Ei-lo:

"(...) se trouxeres a tua oferta ao altar, e aí te lembrares de que teu irmão tem alguma coisa contra ti, deixa ali diante do altar a tua oferta, e vai reconciliar-te primeiro com teu irmão, e depois vem e apresenta a tua oferta" (Mateus, 5:23 e 24).

Não devemos jamais olvidar que Jesus sempre falava espiritualmente. Logo, as ofertas precisam ser oferecidas em espírito e em verdade.

Qual a melhor oferta aos olhos de Deus? As obras realizadas com amor em benefício dos nossos semelhantes. Agindo dessa forma, alimentaremos no imo do nosso coração os júbilos dos bons trabalhadores, que laboram na seara com desinteresse, com outro móvel senão o de participar das tarefas que visam o engrandecimento íntimo de todos que porfiam no sentido de vencer as provas e as expiações de suas peregrinações evolutivas.

Face ao exposto, o Mestre fez alusão a sentimentos e pensamentos puros, escoimados de mazelas mundanas. A oferta ideal para se oferecer ao Pai Celestial são as virtudes cristãs. Por outro lado, na hipótese do nosso interior nutrir sentimentos contrários às Leis Soberanas, aí, então, torna-se necessário resolver todas as pendências negativas, para depois apresentarmos a nossa oferta.

A oração precisa retratar os nossos ideais mais puros. As coisas do mundo, sobretudo nessas ocasiões de recolhimento, precisam ser colocadas de lado e eliminadas. O instante é de reflexão, devendo falar mais alto o nosso vivo desejo de agradecer os acréscimos de misericórdia recebidos cotidianamente do Pai Celestial, além de aproveitar o ensejo para rogar vibrações amoráveis em benefício de todos os nossos irmãos que enfrentam rudes sofrimentos reparadores, difíceis de serem superados.

O iluminado irmão Francisco de Assis deixou bem claro na sua magnífica oração: "Ajudando, se é ajudado; amando, se é amado; perdoando, se é perdoado".

As nossas atividades devem ser direcionadas sempre em favor dos mais carentes. Quanto mais participarmos da vida do nosso próximo, ajudando-o a vencer as suas ásperas porfias, mais seremos auxiliados pelos benfeitores espirituais em nome do nosso Pai Celestial.

Somente depois de superar toda e qualquer animosidade existente entre nós e os irmãos de jornada, é que teremos condições ideais para oferecer, a Deus e a Jesus, a nossa oferta, plena de vibrações sutis e elevadas, tão do agrado do Divino Amigo. A oração é diálogo com Deus!

Todavia, como a Humanidade, ainda, infelizmente, não

logrou tal estado íntimo de evolução, não poderá orar?... Ou, a oração proferida terá sido em vão?

Não. A oração sempre é ouvida pela Espiritualidade Maior, sem dúvida. O indivíduo é que deixa de receber os benefícios que lhe são doados, pois o seu íntimo está em estado de refratariedade, ou seja, não tem condições de absorver as dádivas espirituais na sua totalidade.

Não é de Deus, não é de Jesus, nem tampouco dos amigos espirituais o problema. A falha é tão somente nossa!

Conversar com Deus

Na qualidade de filhos de Deus, Seus herdeiros, estamos destinados à evolução infinita; não devemos, portanto, esquecer de louvá-Lo sempre, reconhecendo-O através das Suas obras. A Natureza é um livro aberto falando eloquentemente do Universo. Quando há qualquer coisa destoando na face da Terra é porque o homem, imaturo e ambicioso, meteu os pés pelas mãos.

Tudo fala de Deus: o mar na sua imensidão líquida a perder de vista, como fonte de equilíbrio do Planeta; as verdes florestas, produzindo o oxigênio tão indispensável à vida humana, e em contrapartida absorvendo o gás carbônico prejudicial ao homem; os insetos, todos cumprindo o seu papel, no elevado concerto que é a vida; os animais, cada um realizando o seu mister, em consonância com a sua destinação; o homem, criado simples e ignorante, lutando pelo seu aprimoramento moral, intelectual e espiritual, na esteira infinita do tempo.

A vida é maravilhosa!... É dádiva divina!...

Devemos, pois, elevar sempre o nosso pensamento ao Todo-Poderoso, em renovados agradecimentos por todas as bênçãos recebidas cotidianamente; são, sem dúvida, acréscimos de misericórdia do Pai Criador. A água, o alimento, os recursos de variada gama importantes à nossa vida procedem do Divino Poder. Jamais esquecer que a Terra é apenas um pequeno departamento do Universo, Casa de Deus.

Entretanto, pouquíssimas vezes, louvamos ou agradecemos a Deus pela beleza reinante em toda parte e pelos benefícios sem conta que temos a oportunidade de usufruir, como manifestações inequívocas do Seu Sublime Amor.

Até nos momentos de alegria, deixamos de realizar as nossas habituais orações e, diga-se de passagem, oramos somente para pedir algo, quantas vezes supérfluo.

A prece é lâmpada acesa no coração. Deve ser cultivada por nós em todos os instantes do nosso viver; constitui uma ponte através da qual entramos em contato com o plano espiritual superior. A oração sempre é atendida. Contudo, nem sempre como nós desejamos, pois, não sabemos pedir. Os benfeitores amigos, avaliando os nossos peditórios, chegam à conclusão de que o atendimento unicamente irá nos prejudicar; assim, resolvem indeferir o pedido em nosso próprio benefício.

Temos de levar sempre em conta que os problemas presentes na nossa jornada são experiências valiosas de enriquecimento interior. Na hipótese de os problemas serem removidos, eliminados, os ensejos de refinamento espiritual desaparecerão, os elementos básicos de progresso deixarão de nos proporcionar aquisições evolutivas. Ao deixarmos o vaso físico, na desencarnação, após a necessária avaliação, ficaremos frustrados face ao que poderia ser logrado e não foi, por omissão de recursos.

É justo, sim, rogarmos ao Pai Celestial o apoio nas horas difíceis. Todavia, não podemos esquecê-Lo nos momentos de júbilos, também. A maior demonstração do nosso reconhecimento é acolher a Sua vontade, auxiliando, da mesma forma, os nossos irmãos que enfrentam vicissitudes e expiações.

Ninguém evolui sozinho. É exatamente vivendo experiências em comum, valorizando as horas e os dias, nas tarefas do dia a dia, que o progresso individual acontece.

O amor ao nosso semelhante deve falar mais alto em nossas vidas. "Aquele que não ama não conhece a Deus; porque Deus é amor" (1ª Epístola de João, 4:8).

Nas horas difíceis

A oração opera prodígios; contudo, para ser bem-sucedida, não dispensa clima interior adequado, disciplinado ao longo do tempo em aprendizados enobrecedores. No mais das vezes, somente com renúncia e sacrifícios o indivíduo atinge situação íntima ideal para orar e lograr êxito.

Quando tudo é festa, quando o sucesso visita a nossa casa, quando estamos de bem com a vida, quando tudo, enfim, caminha da maneira como realmente desejamos, sem conhecer contratempos de nenhuma ordem, quase sempre não alimentamos clima interior propício para orar. Os êxitos são levados em conta como resultados naturais da nossa competência. Afinal, julgamo-nos autossuficientes, altamente qualificados a conquistar muito mais ainda.

Se a nossa vida, entretanto, está degringolando cada vez mais, tudo saindo ao contrário do que projetamos; se a doença fez moradia em nosso lar, se as necessidades são flagradas a todo instante, se os parentes são difíceis, se os filhos são problemas, se o cônjuge está se tornando insensível às nossas manifestações de afeto, enfim, se a harmonia inexiste, ou seja, o relacionamento entre os componentes do grupo familiar está falido, aí a oração, como poderoso recurso, se faz indispensável, como remédio restaurador do equilíbrio da família.

Nessas condições de tumulto e aflição, aquele que conseguir a tranquilidade íntima logrará atingir com a prece as esferas espirituais elevadas, de onde virão, sem dúvida, os valores indispensáveis.

Bezerra de Menezes, o iluminado seareiro do Cristo, abordando situações problemáticas de dores superlativas, afirmou: "Quando estamos sitiados em aflições de difícil solução, não podemos esquecer que o auxílio virá de cima".

Isso, naturalmente, se não nos deixarmos envolver por sentimentos de revolta. Nas horas mais amargas precisamos do suporte da resignação; até porque tudo que acontece tem conotação estreita com o nosso passado. Ninguém sofre inocentemente, as vicissitudes têm um motivo. Todavia, sempre é bom examinar a origem do sofrimento, que poderá ter o seu nascedouro na jornada presente. Quantas pessoas, frente a determinadas situações, afirmam: — Ah! se eu soubesse, não teria feito o que fiz. Agora é tarde!... As consequências serão inevitáveis!...

Sejamos, pois, resignados, aceitando com alegria os momentos ásperos. São quitações de débitos antigos, frutos amargos plantados no passado (outras existências) e colhidos agora nesta experiência terrena, preparando-nos para o porvir.

Há uma máxima cantada em prosa e verso, portanto das mais conhecidas, que diz: "Quem não vai por amor, irá pela dor".

A maioria esmagadora somente encontra o verdadeiro caminho pela dor. São raros aqueles que deixam de lado os prazeres que a vida oferece, para aceitar as claridades do Evangelho do Cristo. A dor e o tempo são os maiores mestres na educação e disciplina do indivíduo.

Aqueles que, desde a sua juventude, são generosos, afeitos ao bem-estar comum, por certo, já conquistaram valores espirituais em peregrinações pretéritas. Para Deus não há filho privilegiado.

Assim, quando o indivíduo se mostra ocioso e imaturo, desinteressado da verdade e do bem, aí então ele é visitado pela dor, a grande companheira do progresso, no processo da renovação interior. Chegado esse momento de valiosas reflexões, o espírito acorda para a realidade da vida, libertando-se das retaguardas de sombras e equívocos seculares.

Deus é Espírito

Jesus foi bastante claro quando afirmou à samaritana nas proximidades do poço do pai Jacó: "Deus é espírito, e importa que todos que O amam, O amem em espírito e em verdade" (João, 4:24).

Logo, o caminho mais fácil e reto é buscá-Lo através do nosso pensamento e sentimento sinceros reunidos numa fervorosa oração de louvor, de agradecimento ou para rogar algo que possa nos favorecer em nossa jornada de ascensão espiritual.

Não podemos esquecer que, para lograrmos sucesso na prece, é necessário pedir, saber pedir e merecer, como já vimos em capítulo anterior.

Somente através de vibrações sinceras, retratando o nosso íntimo com humildade, como filhos de Deus obedientes e dóceis aos Seus sábios desígnios, é que sentiremos Deus no imo do coração.

As palavras ditas à samaritana foram suficientemente claras, não comportando quaisquer dúvidas a respeito. Todos os atributos de grandeza do Pai Celestial estão depositados em germes de vida, nos escaninhos mais profundos de nossa alma. Assim, ao longo das nossas jornadas terrenas, encontrarão, um dia, ambiente favorável para germinar, florescer e frutificar.

Todavia, há um preço a ser quitado, esforço próprio e perseverança no ideal a ser colimado. Nada irá ocorrer sem a nossa participação ativa. A própria vida, com as experiências que faculta a todos os seres, vai, pouco e pouco, revelando o caminho sem fim da jornada a palmilhar.

O valor da oração é incontestável. Ninguém é autossuficiente, ou seja, não há quem não necessite dos recursos da Providência Divina. Todos nós, como filhos de Deus, dependemos basicamente do Seu amor; a nossa criação foi, inegavelmente, um ato de amor sublimado. Nascemos no pretérito longínquo, destinados a conquistar a relativa perfeição. Somente a Perfeição Divina é absoluta. Assim, ao longo dos nossos dias, iremos, como herdeiros de Deus, participar da partilha dos Seus atributos de grandeza.

Sobre o dever de orar, Jesus contou, aos seus discípulos e seguidores, uma parábola constante dos apontamentos do apóstolo Lucas (18:2 a 5). Ei-la:

> *Havia um juiz que nem a Deus temia, nem respeitava os homens. Havia também, naquela cidade, uma viúva que ia frequentemente à sua presença, a fim de que ele fizesse justiça contra o seu adversário.*
>
> *Inicialmente, ele negou toda e qualquer ajuda. Contudo, dada a insistência da viúva, indo à sua presença reiteradas vezes, resolveu fazer justiça, solucionando a causa.*

Assim também agirá Deus a nosso favor, caso o nosso

pedido seja justo e perseverarmos na rogativa, confirmando a nossa fé, com base em legítima necessidade.

O importante é a natureza do pedido. Quando as solicitações são puramente materiais, nada será alcançado.

Assim sendo, se o nosso pedido está fundamentado na sinceridade, na justiça, no desejo de servir ao próximo, poderá até ser atendido com recursos materiais, considerando o motivo da nossa intenção, que é obter algo para melhor socorrer o nosso semelhante nas suas necessidades e aflições.

O amor ao próximo precisa ser a nossa bandeira de trabalho. É exatamente na vivência dos ensinamentos do Evangelho que encontraremos os recursos indispensáveis à nossa jornada de regeneração definitiva.

O êxito nas orações

Para lograrmos êxito nas orações, devemos colocar em prática as orientações evangélicas, constantes dos apontamentos do apóstolo Mateus (6:5 a 7), abaixo transcritas:

Não orar em público, para sermos vistos pelos homens, a fim de não recebermos o galardão pelo ato praticado.

Orar no quarto, fechada a porta, em secreto, e Deus, que vê secretamente, nos recompensará.

Na oração, não useis vãs repetições, pois não é pelo muito falar que seremos ouvidos.

A prece deve ainda ser simples, breve, espontânea.

O nosso pedido precisa estar estruturado na simplicidade. Afinal, nosso Pai Celestial não deseja erudição, que pressupõe orgulho, mas sim os fatores obrigatórios: sinceridade e humildade de coração. A humildade é a antítese do orgulho, uma das maiores imperfeições da alma.

A rogativa deve ser breve, em atitude de perdão às ofensas recebidas, pois, todos nós, lamentavelmente, ainda temos tantas contas a saldar. Francisco de Assis ensinou: quem perdoa, é perdoado; logo, nada de sentimentos adversos ao amor. Breve, porque Deus conhece perfeitamente os nossos problemas, não sendo necessários longos peditórios.

A oração precisa também ser espontânea. Por quê?... Porque as orações decoradas não retratam o nosso mundo íntimo. Assim, torna-se primordial que as nossas palavras ou pensamentos retratem os nossos autênticos problemas. Quando se faz uma prece decorada, o nosso pensamento fica dispersivo, constituindo fator negativo. Não é que o Alto, por essa razão, deixe de atender!... O que verdadeiramente ocorre é que a nossa oração não atingiu as esferas espirituais de luz e de amor.

A prece é apelo vivo aos potentados celestiais, e, portanto, deve ser sincera, traduzindo sentimentos verdadeiros, nascidos no coração, fundamentados em fé viva, direcionados com fervor ao Poder Divino. No entanto, não podemos esquecer que a prece não derroga as leis da Natureza.

Com base na prece, seremos auxiliados pelos benfeitores espirituais, que encontrarão em nós ambiente psíquico adequado para se movimentarem em nosso benefício. As nossas energias, enfraquecidas, serão renovadas, possibilitando-nos conquistar os valores indispensáveis para lutar com coragem e confiança, logrando sucesso nas nossas pretensões, quando justas e viáveis.

Nessa altura, passamos a entender a razão dos percalços da jornada, aceitando com resignação tudo que não puder ser alterado, mudando tudo que pode e deve ser mudado, o que implicará melhores condições de progresso na leira infinita do tempo, bem como ajudando todos que nos cercam. Diante do exposto, conquistaremos o discernimento para distinguir uma coisa da outra.

Com o entendimento de conformidade com a realidade vigente e apoiados em hábitos salutares, iremos, progressivamente, nos libertando dos obstáculos próprios da nossa peregrinação, alimentando otimismo e júbilos, tendo em vista o fiel cumprimento da programação adrede preparada pelos benfeitores espirituais, atinentes à nossa libertação e evolução transcendental.

Ninguém renasce aqui na Terra, aleatoriamente, ou seja, sem um objetivo. A nossa felicidade é a perfeição que precisa ser buscada com esforço e perseverantemente.

A oração sincera

Quando os pensamentos e sentimentos, aliados, participam da prece, quando não é uma fórmula decorada, ela logra uma sensível alteração no nosso íntimo, modificando as nossas energias psíquicas feitas de vibrações salutares ao nosso espírito, que, igualmente, passará a sentir a energia do bem existente em toda parte. Citada transformação interior faz com que estejamos imunes às interferências dos maus espíritos, que, lamentavelmente, ainda se comprazem em nos infelicitar.

Os espíritos malévolos se ocupam em nos afastar do bem e da verdade, sugerindo-nos pensamentos inferiores. Tomam como base as nossas fraquezas morais, portas abertas às suas manifestações doentias. Alguns agem com ferocidade, fazendo-nos presas dos seus projetos nocivos. Contudo, se soubermos resistir, eles se afastarão frustrados.

Os vícios e as imperfeições morais são atrativos, chamarizes. Exercem atração sobre eles, pela afinidade com as suas mazelas. Como são seres infelizes, se comprazem em infelicitar todos que estão enredados em suas teias malévolas. Os afins se atraem. A culpa, portanto, das situações infelizes e doentias, é mesmo nossa. Como vencê-la?

A oração é recurso dos mais eficientes. Representa fator positivo, porque aumenta a nossa resistência psíquica, ligando-nos às entidades benévolas que muito poderão fazer em nosso benefício, auxiliando-nos a vencer as nossas fraquezas e mazelas morais. A sujeira é atrativo às moscas; não adianta espantá-las, outras virão desafiando a nossa paciência, famélicas pela imundície. No entanto, se limparmos a sujeira, higienizando o local, elas desaparecerão de vez.

Assim também ocorre com o nosso íntimo; utilizando a renovação interior, os espíritos imperfeitos nos deixarão de vez, procurando outros indivíduos que satisfaçam as suas necessidades doentias, retratando seus sentimentos inferiores que colidem com as Leis Divinas, feitas de Sabedoria e Amor.

A prece sincera e espontânea, aliada ao Evangelho, representa a terapêutica essencial. Com a alma luarizada na bondade, na compreensão, na fraternidade, no amor, as entidades malévolas batem em retirada, livrando-nos das suas presenças nocivas.

A oração sempre é atendida, de conformidade com os pensamentos e sentimentos que lhe correspondem, dependendo, naturalmente, da sinceridade e do mérito do solicitante. Podemos até afirmar, sem medo de estar laborando em erro, que a prece estabelece ligação com a Espiritualidade Maior. É um testemunho da nossa fidelidade com o Pai Celestial.

Cultivada com desapego aos bens materiais, traduzindo o nosso ideal de servir na Seara do Senhor, somente nos auxiliará, até porque quem ajuda é ajudado, conforme bem esclareceu Francisco de Assis. A alma, sequiosa de Deus, procura incansavelmente as energias superiores da Vida, sendo impregnada por vibrações saudáveis de equilíbrio, fatores que nos tornam fortes contra as adversidades próprias da nossa peregrinação.

Sejamos, pois, leais ao ideal que nutrimos, iluminando o nosso coração, convictos de que a fé viva será um sustentáculo a nos defender de possíveis agressões. Enquanto estivermos estagiando na esfera terrena, não podemos olvidar que estamos sujeitos a provas e a expiações redentoras. Somente atitudes firmes, com base na verdade e no amor ao próximo, nos libertarão um dia do ciclo das reencarnações retificadoras.

Humildade de coração

A oração constitui ponte através da qual nos comunicamos com o plano espiritual, logrando atender os nossos desejos, quando justos e viáveis.

Ninguém é autossuficiente. Todos nós temos necessidade de apoio da Espiritualidade Maior, a fim de bem entender os desígnios divinos e poder vivenciá-los nas nossas atividades cotidianas.

Deus estabeleceu, desde o início dos tempos, leis sábias e imutáveis que governam todo o Universo (Casa de Deus), as quais não podem ser derrogadas ao sabor do capricho humano.

Todos os nossos atos e pensamentos estão sujeitos à aplicação das Leis Divinas. Assim quando o nosso comportamento se choca com as leis eternas, sofremos as naturais consequências, como elementos de depuração íntima. Quando as nossas atitudes estão perfeitamente ajustadas aos princípios do Evangelho, então o resultado será totalmente diferente: seremos auxiliados a vencer e a progredir na esteira infinita do tempo.

Deus não castiga, porque é justo. Deus não perdoa, porque não se ofende com as nossas más ações. O perdão divino constitui a renovação de oportunidades para lograrmos, através das existências sucessivas, a perfeição feita de sabedoria e amor sublimados.

As Leis Divinas jamais serão derrogadas a nosso bel-prazer. Contudo, se as nossas rogativas estiverem fundamentadas na sinceridade de propósitos, espelhando humildade de coração, poderemos obter a minimização dos nossos problemas ou até a solução almejada, através da misericórdia divina, caso o atendimento possa nos beneficiar, ajudando-nos a bem cumprir os nossos nobres ideais.

A obtenção dos recursos almejados somente ocorre tendo em vista a natureza desses recursos. A Providência Divina, através de benfeitores espirituais, após verificar a viabilidade da concessão, providenciará o atendimento na medida da necessidade e do merecimento da criatura que pede.

Não podemos olvidar, jamais, que é de suma importância a natureza da nossa solicitação. O Poder Supremo leva sempre em conta a evolução espiritual do ser. Logo, nem sempre o nosso pedido será levado a efeito. Contudo, sempre seremos favorecidos pela misericórdia do Pai Celestial, amenizando os sofrimentos e as lágrimas vertidas.

Ninguém ficará sem resposta. No entanto, o atendimento será sempre de acordo com as legítimas necessidades de cada um. Nada obteremos, contrariando os preceitos das Leis Soberanas vigentes no Universo. Aliás, Jesus foi bem claro quando afirmou: "(...) Com a medida com que tiverdes medido, vos hão de medir a vós" (Mateus, 7:2).

Não podemos deixar de lado um fator dos mais relevantes na oração: a fé. A certeza na obtenção das dádivas rogadas fará com que as nossas vibrações ganhem expressão espiritual, atingindo a meta e logrando sucesso, quando viável, naturalmente.

Unicamente seremos atendidos quando a concessão dos benefícios não colidir com o projeto de vida devidamente preparado para a nossa jornada evolutiva. Afinal, o roteiro de vida a seguir está estruturado da maneira mais útil e conveniente ao nosso progresso espiritual.

A evolução em pauta exige resgate de delitos cometidos em existências pregressas e conquistas de sabedoria e de amor sublimados. Nessa altura, seremos espíritos puros, bem-aventurados, habitando esferas de luz.

O amor e a verdade

Deus tem pleno conhecimento das nossas reais necessidades; como o Pai Sábio e Justo, sempre nos atende da melhor forma possível, visando o nosso progresso espiritual.

Um pai de família tem conhecimento, igualmente, das carências materiais dos seus filhos. Um deles, pequenino ainda, está precisando de um par de sapatos, pois anda há muito tempo descalço. Agora, é chegada a hora de adquirir o calçado, coisa que não fora providenciada antes, tendo em vista os parcos recursos financeiros. Assim, ele pergunta ao filho:

– O que você prefere: um par de sapatos ou um brinquedo?

– Ah! papai, eu prefiro um brinquedo...

O filho, face a idade, não sabe avaliar o benefício de andar calçado e escolheu o brinquedo. Quando tiver 16 anos, caso o genitor faça a mesma pergunta, não irá titubear:

– Papai, que pergunta!... Eu quero um par de sapatos, sem dúvida.

Os mentores espirituais procedem conosco da mesma forma, em atenção à Vontade Soberana. Quando o espírito não tem condições de pleitear o melhor, tendo em vista o pouco entendimento espiritual, eles suprem a nossa imaturidade, escolhendo por nós, sempre visando o nosso refinamento íntimo. Depois, com o passar do tempo, desde que atinjamos um patamar de conhecimento ideal, então nós faremos a escolha, agora fundamentada nas aquisições adquiridas que fazem parte da nossa personalidade, como experiências valiosas de aprimoramento espiritual.

Entretanto, no decorrer da nossa jornada, considerando o resultado das tarefas que nos são afetas, desde que bem realizadas com zelo e amor, sempre seremos auxiliados pela Misericórdia Divina.

Nessa altura, o uso regular da prece, exercida sincera e desinteressadamente, cuja meta é obter recursos, tanto para si quanto visando solucionar as necessidades alheias de todos os matizes, sobretudo almejando progresso espiritual dos irmãos de peregrinação terrena, será de valor incalculável.

Através da oração nem sempre lograremos as condições rogadas, a exemplo do garoto de pouca idade citado no início desta argumentação. No entanto, não podemos esquecer que o Pai Celestial, por intermédio dos Espíritos de escol, nos proporcionará paciência, coragem, confiança e resignação nas horas mais difíceis.

"Ajuda-te que o céu te ajudará". Nada mais certo!... Se um homem precisa de um emprego, ele não deve ficar inativo em casa à espera que a oferta de trabalho lhe apareça como num passe de mágica. É necessário que ele se movimente diariamente a fim de lograr o seu intento; caso contrário, a miséria se instalará em sua casa, causando dificuldades sem conta a ele e à sua família.

O sofrimento da Humanidade se divide em duas partes: uma, com base no passado (outras existências). Quem semeou espinhos na vida do seu semelhante terá de colher espinhos na sua própria vida. Jesus sabiamente adiantou: "(...) com o juízo com que julgardes, sereis julgados (...)" (Mateus, 7:2). Outra parte, a maior, talvez, procede das nossas atividades atuais. Quantas pessoas afirmam:

— Ah!... se eu soubesse, não teria feito o que fiz!... Agora já é tarde!

Devemos, portanto, fazer uso da nossa inteligência, buscando sempre a verdade e o bem.

A oração do justo

A oração, quando sincera, motivada pelo desejo de realizar o bem em favor do próximo conquista resultados surpreendentes. Vejamos um trecho da carta do apóstolo Tiago (5:16):

"Confessai as vossas culpas uns aos outros, e orai uns pelos outros, para que sareis; a oração feita por um justo pode muito em seus efeitos".

Ficou bem claro o poder da oração, sobretudo quando pronunciada por um justo... Por quê?

Porque o homem justo está sempre vivenciando o Evangelho. Ele tem o hábito de orar à Espiritualidade Maior pedindo ajuda em benefício do bem-estar comum. Simultaneamente, o justo também procura se engajar nas tarefas de amor ao próximo, incentivando os seus companheiros de jornada. O justo procura sempre efetuar a parte que lhe cabe, daí a força que tem a sua rogativa, até porque ele somente pede aquilo que a Bondade Divina pode conceder.

Tiago foi bastante feliz ao afirmar que a prece tem valor, mormente quando pronunciada por quem está legitimamente integrado em ajudar os seus semelhantes.

Ninguém é autossuficiente, já dissemos. Todos nós temos sérias limitações morais e espirituais. Logo, nada mais certo do que auxiliar os carentes, a fim de que sejamos ajudados também nas nossas necessidades que, lamentavelmente, ainda são muitas.

Não podemos olvidar que a nossa atual habitação ainda é planeta de provas e de expiações.

Somente com o esforço e a perseverança em busca da verdade que liberta e do amor que eleva o ser a caminho da luz, é que lograremos, um dia, a redenção definitiva.

O justo, na vivência dos apontamentos do Evangelho, torna-se paciente, benigno, não suspeita mal, não se irrita, tudo espera, tudo suporta etc. Estas, algumas qualidades morais daquele que tem na Boa-Nova de Jesus não só tema de estudo mas, principalmente, norma de conduta.

Mas por que agir dessa maneira?

Porque somos imortais, e a Natureza não dá saltos. Assim, o que somos agora, seremos depois também na Espiritualidade. Tanto a virtude quanto o vício acompanham o espírito após a sua desencarnação.

Quem é infeliz aqui, será infeliz também na Pátria Espiritual. As qualidades e os defeitos morais são aquisições do Espírito. O indivíduo abandona o corpo somático, como troca de roupa, quando ela se torna imprestável pelo tempo decorrido.

Logo, torna-se necessário cuidarmos desde já de conquistas nobres baseadas no "amor a Deus acima de todas as coisas e ao próximo como a nós mesmos" (Mateus, 22:37 a 39).

Um mentor espiritual, em uma das reuniões mediúnicas a que assistimos, afirmou: "A vida terrena é uma escola, Jesus é o nosso Mestre, o Evangelho é a cartilha".

Nada mais certo!!... Procuremos sempre, incansavelmente, moldar o nosso comportamento nos ensinamentos de luz e de amor apontados na Boa-Nova do Cristo e nos princípios da Doutrina Espírita, que é inegavelmente o Consolador prometido (João, 14:26), tendo em vista a sua atuação benfazeja não só nas mentes humanas, esclarecendo-as, como também confortando os corações sofredores.

Assim procedendo, a nossa oração encontrará receptividade nas camadas espirituais mais altas, de onde procedem as bênçãos espirituais de saúde, paz e equilíbrio.

A paz espiritual

Orar é nortear o nosso pensamento e sentimento em direção ao Arquiteto do Universo, nosso Pai Celestial, expondo o nosso mundo íntimo. É bem verdade que Deus conhece as profundezas do nosso espírito. No entanto, através da prece sincera e espontânea, colocamo-nos em posição íntima receptiva para receber as energias indispensáveis à nossa experiência terrena.

Para obtenção de tais recursos, torna-se necessário fazer a parte que nos cabe, vivendo dignamente. Afinal, não podemos desconsiderar o princípio de Justiça e Sabedoria das Leis Eternas.

Após a prece, receberemos os benefícios doados pelo Plano Espiritual na forma de paciência, compreensão, tolerância, fraternidade, amor enfim. Todavia, para que essas dádivas espirituais permaneçam no nosso íntimo, há necessidade de perseverarmos sempre na conquista da verdade e na vivência do amor ensinado por Jesus.

Outro fator altamente significativo que conheceremos é a resignação nas horas aflitivas do nosso viver. Não que a Providência Divina afaste de nós as dificuldades e obstáculos da nossa caminhada, isso não. Entretanto, a misericórdia do Pai Celestial se fará presente minimizando o nosso sofrer.

Paralelamente estaremos burilando a nossa consciência, fator primordial para lograrmos a paz tão almejada, ou seja, a paz cristã e não a dos homens, cativa das conquistas puramente materiais.

A verdadeira paz é um bem imperecível, que toma o nosso coração vivificando o nosso existir. Nessa altura, não haverá problema, por mais áspero que seja, capaz de desestruturar o nosso equilíbrio interior. Tudo será levado à conta de tropeços indispensáveis que renderão experiências enriquecedoras de vida.

As conquistas logradas passarão a fazer parte da nossa vivência, e, ao mesmo tempo, sentiremos necessidade de partilhá-las com os nossos irmãos de peregrinações.

Aliás, o objetivo do Cristo é exatamente este: propiciar à Humanidade os conhecimentos espirituais de que ele é portador. A sua vida e obra narradas pelos evangelistas Mateus e Marcos, Lucas e João nos dão conta dessa sublime missão desempenhada magnificamente pelo filho de Deus, nosso irmão maior, líder absoluto do planeta Terra.

Como precioso apoio destinado ao sucesso da oração, não podemos desconsiderar o valor da fé. Ela altera substancialmente as nossas disposições íntimas, facultando-nos alcançar êxito nos empreendimentos almejados, quando viáveis, isto é, se a eles fizermos jus.

Existe a fé cega, ineficaz, que tem como base "o ouvi dizer", e existe a fé viva, raciocinada, decorrente de estudos, trabalhos e experiências.

A primeira não suporta qualquer exame mais acurado e se destrói com incrível facilidade. A segunda, porém, é indestrutível, porque está assentada em princípios sólidos, verdadeiros.

Incontáveis vezes, Jesus, após as curas que efetuou, dizia ao ex-enfermo: "Vai. A tua fé te curou" (Lucas, 17:19). A fé nos dá condições ideais de atendimento, possibilitando a cura.

A respeito da fé, o apontamento do apóstolo Tiago é bastante elucidativo: "A fé sem obras é morta" (2:26). Logo, não podemos descartar a vivência do amor evangélico.

Felicidade, opção individual

O apóstolo João, na sua primeira epístola, deixou bem claro que Deus é amor (4:8). Aliás, ninguém ignora que o Pai Celestial é a fonte suprema de todas as dádivas presentes no Universo, promovendo a vida em todos os seus departamentos.

Assim, aquele que consegue elevar o seu sentimento e pensamento a Deus, sincera e espontaneamente, está se identificando com a maior fonte de sabedoria e amor.

Todas as preces são respondidas. É bem verdade que, para isso, sempre será levado em conta o que é absolutamente necessário à nossa evolução. As coisas supérfluas jamais serão obtidas. O que importa ao Pai Celestial é o nosso aprimoramento interior, até atingirmos a relativa perfeição.

Essa afirmação implica dizer que sempre estaremos progredindo. Nunca atingiremos um estágio espiritual que nos iguale ao Arquiteto do Universo. Nós fomos criados à imagem e semelhança de Deus, ou seja, guardamos no nosso íntimo os atributos divinos, semelhantes a sementes que necessitam de ambiente propício para germinar, florescer e frutificar esplendidamente.

O nosso empenho nesse sentido não será pequeno, porém perfeitamente viável. A esse respeito Jesus esclareceu: "(...) aquele que perseverar até o fim será salvo" (Mateus, 10:22).

Pelo exposto, fica bem claro que o Evangelho de Jesus tem as respostas para tudo. Quem norteia a sua vida pelas suas lições de luz não caminha em trevas nem tampouco enfrenta tropeços insuperáveis.

Caminhando nesse passo, estaremos nos ligando às Forças Divinas na reestruturação das nossas energias, logrando condições adequadas para auxiliar igualmente os nossos irmãos de peregrinação terrena.

Ninguém evolui sozinho. Todos nós somos altamente dependentes uns dos outros. Aquele que se isola da comunidade, consciente ou inconscientemente, permanece estacionário, não correspondendo aos desígnios divinos, atuantes sobre a Humanidade.

É exatamente caminhando juntos que teremos ensejos de vivenciar as lições de luz e de amor constantes do Evangelho. As experiências partilhadas irão, sem dúvida, construir a nossa personalidade imortal, capacitando-nos a realizações elevadas em busca de um porvir promissor.

A Terra pode ser classificada como um educandário, um hospital, uma penitenciária. Cada indivíduo está estagiando no lugar que lhe compete ficar provisoriamente, isto é, até conquistar condições de ser promovido a estágios evolutivos superiores. Há, portanto, necessidade de ocorrer intercâmbio de experiências entre as pessoas, a fim de que os bens sejam verdadeiramente divididos para júbilos e progresso coletivos.

A oração, nesse aspecto, tem valor preponderante, pois nos identifica com o Poder Soberano, de onde virão os poderosos incentivos às nossas conquistas no campo da sabedoria e do amor.

O Pai Celestial não faz diferença entre Seus filhos. Jesus e os mentores amigos também não destinam privilégios para este ou aquele irmão. O que ocorre é que a criatura preparada intimamente apresenta condições ideais de receptividade. Aquela que ignora tais princípios coloca-se intimamente refratária aos benefícios atuantes no Universo, Casa de Deus.

A felicidade é opção individual!

Terapêutica espiritual

A prece é força de reabilitação e cura, sobretudo quando voltada ao bem-estar alheio, plena de nobres vibrações nascidas das nossas melhores energias. A criatura entregue a meditações generosas produz emanações fluídicas saudáveis. São poderes movimentados em benefício do nosso semelhante, a fim de minimizar o seu sofrimento e até produzir a cura, desde que obtenha o aval da Espiritualidade Maior.

As energias doadas somadas às forças ambientais levam consigo condições de restabelecer o equilíbrio orgânico debilitado, operando, em muitos casos, curas consideradas "milagrosas". Nós sabemos que milagres no conceito do povo significam derrogação das Leis Divinas.

As Leis Soberanas que governam o Universo existem desde todos os tempos, fundamentadas em Sabedoria, Amor e Justiça absolutamente perfeitos, não comportando quaisquer alterações, por menores que sejam. Logo, tudo está devidamente regulamentado pelo Poder Supremo, não cabendo alteração alguma.

Quando o indivíduo adquire condições de cura, a Divina Providência efetivará, dentro do que já foi estabelecido desde todos os tempos, a cura tão almejada, caso a criatura, igualmente, ostente o essencial mérito.

O sofrimento tem a finalidade de fazer com que o homem logre, não só os resgates primordiais, liquidando as pendências desagradáveis cometidas em outras existências, como também, através da meditação elevada, conquiste conhecimentos a respeito do legítimo valor da vida humana. A dor é recurso de aprimoramento moral e espiritual. O espírito precisa evoluir em todos os aspectos, a fim de lograr a perfeição. Para tanto foi criado por Deus, guardando, em si, em estado latente, os recursos indispensáveis.

Todavia, não é menos verdade, que através da prece criamos clima interior propício ao êxito das nossas rogativas, sempre na dependência do nosso merecimento. Todas as orações são respondidas pelo Alto, às mais das vezes, de maneira diferente da nossa solicitação. Isso porque os benfeitores amigos procuram nos atender com os recursos espirituais com base no nosso real merecimento. Nesse aspecto, a dor é uma das providências obrigatórias ao nosso soerguimento moral e espiritual.

Os pensamentos e sentimentos alimentados sincera e desinteressadamente são matrizes de verdadeiros prodígios. Como Francisco de Assis afirmou na sua magnífica oração - "É dando que se recebe" -, somos, da mesma forma, beneficiados pelas energias liberadas em favor dos nossos semelhantes.

As energias saudáveis a que nos referimos, quando direcionadas a recipientes com água, têm a capacidade de magnetizá-la, tornando-a medicamentosa. Os amigos espirituais, conhecedores das nossas melhores intenções, trabalharão com as nossas vibrações, acrescentando igualmente energias benéficas do plano espiritual, adequando-as às necessidades dos enfermos. A água é a base mais pura capaz de reter a medicação transcendental, retendo-a, por algum tempo, para utilização terapêutica.

Quem está doente, desalentado, peça à bênção divina as substâncias curativas, oferecendo o copo d'água para magnetização. No precioso líquido encontrará o remédio para a cura dos seus males; porém, para que o socorro se faça atuante, torna-se necessário manter pensamentos e sentimentos voltados para a verdade e para a vivência do amor cristão.

O Evangelho no Lar

Paula e Cíntia eram amigas desde os bancos escolares. Agora ambas estão casadas, têm filhos adolescentes. O ambiente doméstico nem sempre prima pela harmonia. Paula é espírita. O telefone toca: é Cíntia com problemas, buscando soluções.

— Oi, Cíntia, tudo bem?

— Infelizmente, não. Aliás, sobre o assunto nós já conversamos outro dia. Lembra-se?

— Perfeitamente.

— Então, naquela oportunidade você falou de se fazer o Evangelho no Lar. Gostaria de obter mais detalhes...

— Pois não. Escolha o dia da semana e horário mais adequado à família. É conveniente não alterar o que for combinado, pois benfeitores espirituais irão tomar parte na reunião, e eles não dispõem de tempo para se submeter a alterações. Inicialmente, abrir a reunião com uma prece, simples, breve e espontânea; depois, proceder a uma leitura de uma página de *O Evangelho segundo o Espiritismo*, de Allan Kardec. Você tem o livro?

— Tenho sim.

— Após a leitura, comentar a lição, colocando-a à altura do entendimento de todos os presentes.

— Quem deve ler e comentar?

— A leitura e o comentário deverão ficar a seu cargo ou de seu marido. Contudo, todos os presentes precisam participar do comentário, enriquecendo o aprendizado.

— Muito interessante!

— A seguir, fazer vibrações de amor pelos enfermos, pelos encarcerados, pelos incrédulos, pelas crianças desamparadas, pela paz na Terra, pelo lar onde o Evangelho está sendo estudado, pelos participantes da reunião, mentalizando, também, todas as pessoas enfermas do conhecimento do grupo.

— Você crê, sinceramente, na eficácia dessa providência?

— Cíntia, o estudo do Evangelho é Jesus visitando o nosso lar, trazendo para o nosso ambiente os recursos espirituais importantes ao equilíbrio e harmonia, paciência e compreensão, solidariedade e amor.

— Paula, vou seguir a sua orientação.

— Encerrar a reunião com uma prece, também simples e espontânea, de agradecimento a Jesus pela oportunidade e apoio recebidos. Tanto a leitura do Evangelho quanto as preces poderão ser realizadas em sistema de rodízio. Assim, todos tomam parte nas atividades da noite.

— Vou conversar com o José e com os garotos e, conforme for, hoje mesmo estaremos iniciando o Evangelho no Lar.

— Cíntia, entre os planos material e espiritual não

existem linhas demarcatórias; assim, nós convivemos com os espíritos que nos são afins. Logo, corremos o risco de sermos molestados por entidades ignorantes, malévolas, brincalhonas, mistificadoras. As lições evangélicas tendem a esclarecê-las com relação ao compromisso que assumem, nutrindo intenções de nos prejudicar ou se divertirem à nossa custa. A oração estabelece fronteiras vibratórias. Nessas oportunidades, ou elas despertam para a verdadeira realidade da vida, ou, então, abandonam o projeto de nos prejudicar, deixando-nos livres das suas indesejáveis presenças nocivas.

— Paula, muito obrigada pela sua atenção.

— Conte sempre comigo. Confiança em Deus!

Coletânea de orações

Preces diversas. As preces de *O Evangelho segundo o Espiritismo*, de Allan Kardec, foram traduzidas do original francês para o português por Matheus Rodrigues de Camargo.

Oração dominical

Pai Nosso, que estás nos Céus
Na luz dos sóis infinitos,
Pai de todos os aflitos
Neste mundo de escarcéus.

Santificado, Senhor,
Seja o Teu nome sublime,
Que em todo Universo exprime
Concórdia, ternura e amor.

Venha ao nosso coração,
O teu reino de bondade,
De paz e de claridade
Na estrada da redenção.

Cumpra-se o teu mandamento
Que não vacila e nem erra,
Nos Céus, como em toda a Terra
De luta e de sofrimento.

Evita-nos todo o mal,
Dá-nos o pão no caminho,
Feito de luz, no carinho
Do pão espiritual.

Perdoa-nos, meu Senhor,
Os débitos tenebrosos,
De passados escabrosos,
De iniquidade e de dor.

Auxilia-nos também,
Nos sentimentos cristãos,
A amar aos nossos irmãos
Que vivem longe do bem.

Com a proteção de Jesus
Livra a nossa alma do erro,
Neste mundo de desterro,
Distante da vossa luz.

Que a nossa ideal igreja,
Seja o altar da Caridade,
Onde se faça a vontade
Do vosso amor... Assim seja.

(Mensagem recebida pelo médium Francisco Cândido Xavier, ditada pelo Espírito Monsenhor José Silvério Horta, constante do livro Parnaso de Além-Túmulo - 12ª edição FEB).

Pai nosso conscientizado

Será inútil dizer, PAI NOSSO, se em minha vida não ajo como filho de Deus, fechando meu coração ao amor.

Será inútil dizer, QUE ESTÁS NOS CÉUS, se os meus valores são representados pelos bens da Terra.

Será inútil dizer, SANTIFICADO SEJA O TEU NOME, se penso apenas em ser cristão por medo, superstição e comodismo.

Será inútil dizer, VENHA A NÓS O TEU REINO, se acho tão sedutora a vida aqui, cheia de supérfluos e futilidades.

Será inútil dizer, SEJA FEITA A TUA VONTADE, se no fundo desejo mesmo é que todos os meus desejos se realizem.

Será inútil dizer, O PÃO NOSSO DE CADA DIA, DÁ-NOS HOJE, se prefiro acumular riquezas, desprezando meus irmãos que passam fome.

Será inútil dizer, PERDOA AS NOSSAS OFENSAS, ASSIM COMO TAMBÉM PERDOAMOS AOS NOSSOS OFENSORES, se não me importo em ferir, injustiçar, oprimir e magoar os que atravessam no meu caminho.

Será inútil dizer, E NÃO NOS DEIXES CAIR EM TENTAÇÃO, se escolho sempre o caminho mais fácil, que nem sempre é o caminho do Cristo.

Será inútil dizer, LIVRA-NOS DO MAL, se por minha própria vontade procuro os prazeres materiais e tudo que é proibido me seduz.

Também será inútil dizer, AMÉM, porque sabendo que sou assim, continuo me omitindo e nada faço para me modificar.

Elena

Oração

Pai de infinita bondade sustenta-nos o coração no caminho que nos assinalaste.

Infunde-nos o desejo de ajudar àqueles que nos cercam, dando-lhes das migalhas que possuímos para que a felicidade se multiplique entre nós.

Dá-nos força de lutar pela nossa própria regeneração nos círculos de trabalho em que fomos situados, por Teus sábios desígnios.

Auxilia-nos a conter nossas próprias fraquezas, para que não venhamos a cair nas trevas, vitimados pela violência.

Pai, não deixes que a alegria nos enfraqueça, nem permitas que a dor nos sufoque.

Ensina-nos a reconhecer Tua bondade em todos os acontecimentos e em todas as coisas.

Nos dias de aflição, faze-nos contemplar Tua luz, através de nossas lágrimas. E nas horas de reconforto, auxilia-nos a estender Tuas bênçãos aos nossos semelhantes.

Dá-nos conformação no sofrimento, paciência no trabalho e socorro nas tarefas difíceis.

Concede-nos, sobretudo, a graça de compreender a Tua vontade, seja como for, onde estivermos, a fim de que saibamos servir em Teu nome e para que sejamos filhos dignos de Teu infinito amor. Assim seja.

Agar

(Francisco Cândido Xavier)

Oração por entendimento

Senhor Jesus!

Auxilia-nos a compreender mais, a fim de que possamos servir melhor, já que, somente assim, as bênçãos que nos concedes podem fluir, através de nós, em nosso apoio e em favor de todos aqueles que nos compartilham a existência.

Induze-nos à prática do entendimento, que nos fará observar os valores que porventura conquistemos, não na condição de propriedade nossa e sim por manancial de recursos que nos compete mobilizar no amparo de quantos ainda não obtiveram as vantagens que nos felicitam a vida.

E ajuda-nos, Divino Mestre, a converter as oportunidades de tempo e trabalho com que nos honraste em serviço aos semelhantes, especialmente na doação de nós mesmos, naquilo que somos ou naquilo de que podemos dispor, de maneira a sermos hoje melhores do que ontem, permanecendo em ti, tanto quanto permaneces em nós, agora e sempre.

Assim seja.

Emmanuel

Do livro: *Paciência*, psicografado pelo médium Francisco Cândido Xavier, Edição CEU

Oração de São Francisco

Senhor!
Faze de mim um instrumento da Tua paz!
Onde houver ódio, faze que eu leve o amor
onde houver ofensa
– que eu leve o perdão,
onde houver discórdia
– que eu leve a união,
onde houver dúvidas
– que eu leve a fé,
onde houver erros
– que eu leve a verdade,
onde houver desespero
– que eu leve a esperança,
onde houver tristeza
– que eu leve a alegria,
onde houver trevas
– que eu leve a luz!

Ó Mestre! faze que eu procure mais
consolar, que ser consolado,
compreender que ser compreendido,
amar que ser amado...

pois:
é dando que se recebe,
é perdoando que se é perdoado,
e é morrendo em paz que se vive para a Vida Eterna.

Do livro: *Mensagens de saúde espiritual*,
Editora EME

Prece de Cáritas

Deus, nosso Pai, que sois todo Poder e Bondade, dai a força àqueles que passam pela provação, dai a luz àquele que procura a verdade, ponde no coração do homem a compaixão e a caridade.

Deus! Dai ao viajor a estrela guia, ao aflito a consolação, ao doente o repouso.

Pai! Dai ao culpado o arrependimento, ao Espírito a verdade, à criança o guia, ao órfão o pai.

Senhor! Que vossa bondade se estenda sobre tudo que criastes.

Piedade, Senhor, para aqueles que vos não conhecem, esperança para aqueles que sofrem.

Que a vossa bondade permita aos Espíritos consoladores derramarem por toda parte a paz, a esperança e a fé.

Deus! Um raio, uma faísca do vosso amor pode abrasar a Terra; deixai-nos beber nas fontes dessa bondade fecunda e infinita, e todas as lágrimas secarão, todas as dores se acalmarão.

Um só coração, um só pensamento subirá até vós, como um grito de reconhecimento e de amor.

Como Moisés sobre a montanha, nós vos esperamos com os braços abertos, oh! Bondade, oh! Beleza, oh! Perfeição, e queremos de alguma sorte merecer a vossa misericórdia.

Deus! dai-nos a força de ajudar o progresso a fim de subirmos até vós; dai-nos a caridade pura, dai-nos a fé e a razão; dai-nos a simplicidade que fará das nossas almas o espelho onde se refletirá a Vossa Imagem.

Cáritas

(Oração recebida na noite de Natal, 25/12/1873, pela médium Mme. W. Krill, num círculo espírita de Bordéus, França)

Do livro: *Mensagens de saúde espiritual,*
Editora EME

Oração do amanhecer

Senhor

No silêncio deste dia que amanhece, venho pedir-Te a paz, a sabedoria, a força.

Quero olhar hoje o mundo com olhos cheios de amor; ser paciente, compreensivo, manso e prudente, ver além das aparências Teus filhos como Tu mesmo os vês, e assim não ver senão o bem em cada um.

Cerra meus ouvidos a toda calúnia. Guarda minha língua de toda maldade. Que só de bênçãos se encha meu espírito. Que eu seja tão bondoso e alegre, que todos quantos se achegarem a mim sintam Tua presença.

Reveste-me de Tua beleza, Senhor, e que no decurso deste dia, eu Te revele a todos.

Irmão Anthony

(Psicografado por Zita Marques Moreira de Souza, em Piquete-SP.)

Do livro: *Mensagens de saúde espiritual*, Editora EME

Oração da sabedoria

Senhor, dá-me a esperança para vencer minhas ilusões, todas.

Plantai em meu coração a sementeira do amor.

E ajuda-me a fazer feliz o maior número da humanidade possível, para ampliar seus dias risonhos e reduzir as noites tristonhas.

Transforma meus rivais em companheiros, meus companheiros em amigos e meus amigos em entes queridos.

Não me deixeis ser um cordeiro perante os fortes e nem um leão diante dos fracos.

Dá-me o sabor de saber perdoar e afastai de mim o desejo de vingança.

Senhor, iluminai meus olhos para que eu veja os defeitos de minha alma e vendai-os para que eu não comente os defeitos alheios.

Senhor, levai de mim a tristeza e não a entregueis a mais ninguém.

Enchei meu coração com a divina fé, para sempre louvar o vosso nome e arrancai de mim o orgulho e a presunção. Deus, fazei de mim um homem realmente justo.

Anônimo
Do livro: *Mensagens de saúde espiritual*,
Editora EME

Dai-nos sabedoria

Dai-nos forças, Senhor,
para aceitar com
serenidade tudo o que
não possa ser mudado.

Dai-nos coragem
para mudar o que pode
e deve ser mudado.

E dai-nos sabedoria
para distinguir
uma coisa da outra.

Oração atribuída ao Almirante Hart.
Do livro: *Mensagens de saúde espiritual,*
Editora EME

Prece

Esta é a minha prece a Ti, meu Senhor, com raízes em meu coração.

— Dá-me forças para sofrer minhas alegrias e tristezas.

— Dá-me forças para tornar frutífero meu amor em Teu serviço.

— Dá-me a força de não fugir nunca ao pobre, e de não dobrar os joelhos ante o poder insolente.

— Dá-me forças para elevar minha mente acima das pequenezas da vida diária.

— E dá-me forças para sujeitá-las à Tua vontade, com todo amor.

— Não me deixes rogar para pôr-me a salvo dos perigos, mas para encará-los sem temor.

— Não me deixes implorar para que se aliviem minhas penas, mas para que meu coração possa vencê-las.

— Não me deixes que, em ansioso temor, deseje salvar-me, mas que obtenha a paciência para ganhar Teu reino.

— Concede-me a graça de que eu não seja covarde, que não só sinta Tua ajuda em minhas vitórias, mas que também possa achar a doce pressão de Tua mão em meus fracassos.

Rabindranath Tagore *(Poeta hindu – 1861-1941.)*
Do livro: *Preces e mensagens espirituais*
Editora EME

Não recebi nada do que pedi

Pedi a Deus, para ser forte
a fim de executar projetos grandiosos,
E Ele me fez fraco
para conservar-me humilde.

Pedi a Deus que me desse saúde
para realizar grandes
empreendimentos,
E Ele deu-me a doença para
compreendê-Lo melhor.

Pedi a Deus riqueza, para tudo possuir,
E Ele deixou-me pobre para não ser egoísta.
Pedi a Deus poder para que os homens
precisassem de mim,
E Ele deu-me humildade para que
d'Ele precisasse.

Pedi a Deus tudo para gozar a vida,
E Ele me deu a vida para gozar de tudo.

Senhor não recebi nada do que pedi,
Mas deste-me tudo o de que
eu precisava,
E, quase contra a minha vontade,
As preces que não fiz foram ouvidas.
Louvado sejas ó meu Deus!
Entre todos os homens NINGUÉM TEM
MAIS DO QUE EU!

(Oração de um atleta americano que, aos 24 anos, ficou paralítico e encontrou Deus no sofrimento.)

Do livro: *Mensagens de saúde espiritual,*
Editora EME

Diálogo com Cristo

Obrigado Senhor,
Pelos meus braços perfeitos,
    Quando há tantos mutilados;
Pelos meus olhos perfeitos,
    Quando há tantos sem luz;
Pela minha voz que canta,
    Quando tantas emudecem;
Pelas minhas mãos que trabalham,
    Quando tantas mendigam.

É maravilhoso Senhor,
Ter um lar para voltar,
    Quando há tantos que não têm para onde ir;
Sorrir,
    Quando há tantos que choram;
Amar,
    Quando há tantos que odeiam;

Sonhar,
    Quando há tantos que se revolvem em pesadelos;
Viver,
    Quando há tantos que morrem antes de nascer;
Sobretudo, ter tão pouco a pedir,
    e tanto a agradecer.

Autor desconhecido
Do livro: *Mensagens de saúde espiritual,*
Editora EME

Arar e orar

Um sacerdote, vendo um lavrador que guiava um arado, aproximou-se perguntando-lhe:

— Se soubesses que ias morrer esta noite, em que empregarias o resto do dia?

— Em arar – respondeu-lhe o campônio.

O sacerdote esperava que o bravo lavrador lhe dissesse que passaria o tempo confessando-se, rezando ou na igreja.

Admirando-se da resposta que havia recebido, pensou um momento e disse:

— Meu amigo, tu deste a mais sábia resposta que se pode dar, porque arar é orar. A oração do trabalho é sempre satisfatória.

Léon Tolstói

Do livro: *Mensagens de saúde espiritual*,

Editora EME

Invocação

Senhor,
Inundas-me no esplendor de Tua luz
e, contudo, cego, não Te vejo.

Falas-me na eloquência do Teu verbo
e, no entanto, surdo, não Te ouço.

Abrasas-me na ardência de Teu amor
e, todavia, insensível, não Te sinto.

Oh! estranha contradição!
Tu, bem perto de mim,
e eu, tão longe de Ti!

Desvela-me, Senhor, os olhos, cegos de orgulho; abre-me os ouvidos, surdos de vaidade, e sensibiliza-me o coração, duro de maldade, para que eu descubra Tua divina presença na intimidade do meu ser!

Do livro: *O primado do espírito*, de R. C. Romanelli.

Oração nossa

Senhor, ensina-nos:
a orar sem esquecer o trabalho;
a dar sem olhar a quem;
a servir sem perguntar até quando;
a sofrer sem magoar seja a quem for;
a progredir sem perder a simplicidade;
a semear o bem sem pensar nos resultados;
a desculpar sem condições;
a marchar para a frente sem contar os obstáculos;
a ver sem malícia;
a escutar sem corromper os assuntos;
a falar sem ferir;
a compreender o próximo sem exigir entendimento;
a respeitar os semelhantes, sem reclamar consideração;
a dar o melhor de nós, além da execução do próprio dever, sem cobrar taxas de reconhecimento.

Senhor, fortalece em nós a paciência para as dificuldades dos outros, assim como precisamos da paciência dos outros para com as nossas dificuldades.

Ajuda-nos para que a ninguém façamos aquilo que não desejamos para nós.

Auxilia-nos, sobretudo, a reconhecer que a nossa felicidade mais alta será, invariavelmente, aquela de cumprir-Te os desígnios onde e como queiras, hoje, agora e sempre.

Emmanuel
(Francisco Cândido Xavier)

Oração

Senhor, deste-nos a verdade; criamos a mentira.

Acendeste a luz; disseminamos a sombra.

Ensinaste o bem; praticamos o mal.

Concedeste-nos o dom da vida; semeamos o vírus da morte.

Proclamaste a liberdade pela obediência aos eternos desígnios; instituímos o cativeiro das paixões inferiores.

Aconselhaste a que nos amemos fielmente uns aos outros; fizemos a separação e o sectarismo.

Cultivaste flores de amor; alimentamos espinhos de ódio.

Exaltaste a fraternidade; intensificamos a sombra homicida.

Enviaste-nos enxadas e charruas; convertemo-las em projéteis, em baionetas.

Mandaste-nos o enxofre que cura, o salitre que aduba e o carvão que aquece; transformamo-los na pólvora que mata.

Afirmaste que Teus discípulos chegariam de todas as partes do Planeta; amaldiçoamos aqueles que não comungam conosco.

Criaste a chuva benéfica; realizamos bombardeios.

Exemplificaste o sacrifício supremo; disputamos o campeonato do egoísmo.

Escalaste o monte da humildade; descemos ao abismo do orgulho.

Deste-nos todo o bem, renunciando; menosprezamos Tua bênção e Tuas dádivas, exigindo sempre.

Por isso mesmo, Senhor, porque envenenamos as fontes da Tua misericórdia, vemos a civilização amargando angustiosa agonia.

Oh, Estrela gloriosa da vida eterna, mostra-Te no alto da montanha, clareando o caminho dos que vagueiam sem rumo, nos extensos vales da morte.

Humberto de Campos
(Francisco Cândido Xavier)

Salmo de Davi

O Senhor é o meu Pastor,
Nada me faltará.
Deitar-me faz em verdes pastos,
Guia-me mansamente
A águas mui tranquilas,
Refrigera minh'alma,
Guia-me nas veredas da justiça
Por amor do Teu nome.
Ainda que eu andasse
Pelo vale das sombras da morte,
Não temeria mal algum,
Porque Tu estás comigo...
A Tua vara e o Teu cajado me consolam.
Preparas-me o banquete do amor
Na presença dos meus inimigos,
Unges de perfume a minha cabeça,
O meu cálice transborda de júbilo!...

Certamente,
A bondade e a misericórdia
Seguirão todos os dias de minha vida
E habitarei na Casa do Senhor
Por longos dias...

Salmo XXIII

Senhor

Que os Teus ensinamentos de luz ocupem sempre a minha mente.

Que as Tuas vibrações de amor sejam uma constante em meu coração.

Que as minhas mãos estejam sempre a serviço da Tua seara, que é grande, e os seareiros poucos.

Assim seja.

Pegadas na areia

Uma noite eu tive um sonho...

Sonhei que estava andando na praia com o Senhor, e através do Céu, passavam cenas da minha vida.

Para cada cena que se passava, percebi que eram deixados dois pares de pegadas na areia; um era o meu e o outro era do Senhor.

Quando a última cena da minha vida passou diante de nós, olhei para trás, para as pegadas na areia, e notei que muitas vezes no caminho da minha vida havia apenas um par de pegadas na areia.

Notei também que isso aconteceu nos momentos mais difíceis e angustiosos de meu viver. Isso aborreceu-me deveras, e perguntei então ao Senhor:

— Senhor, Tu me disseste que, uma vez que eu resolvi Te seguir, Tu andarias sempre comigo, todo o caminho, mas notei que durante as maiores atribulações do meu viver havia, na areia dos caminhos da vida, apenas um par de pegadas. Não compreendo por que, nas horas em que eu mais necessitava de Ti, Tu me deixaste.

O Senhor me respondeu:

– Meu precioso irmão, Eu te amo e jamais te deixaria nas horas da tua prova e do teu sofrimento. Quando viste na areia apenas um par de pegadas, foi exatamente aí que Eu te carreguei nos braços.

Prece para reuniões espíritas

(*No começo da reunião.*) – Rogamos a Deus Todo-Poderoso enviar-nos bons Espíritos para nos assistirem, afastar aqueles que poderiam induzir-nos ao erro, e dar-nos a luz necessária para distinguir a verdade da impostura.

Afastai também os Espíritos malévolos, encarnados ou desencarnados, que poderiam tentar injetar a desunião entre nós, desviando-nos da caridade e do amor ao próximo. Se alguns procurarem aqui se introduzir, fazei que não encontrem acesso no coração de nenhum de nós.

Bons Espíritos, que vos dignais vir instruir-nos, tornai-nos dóceis aos vossos conselhos. Desviai-nos de todo pensamento de egoísmo, orgulho, inveja e ciúme; inspirai-nos a indulgência e a benevolência por nossos semelhantes presentes ou ausentes, amigos ou inimigos. Fazei enfim que, dentre os sentimentos com que estaremos animados, reconheçamos vossa salutar influência.

Dai aos médiuns, que encarregareis de nos transmitir vossos ensinamentos, a consciência da santidade do mandato que lhes é confiado e da gravidade do ato que vão cumprir, a fim de que nele empreguem o fervor e o recolhimento necessários.

Se na reunião se encontrarem pessoas que nela foram atraídas por outros sentimentos que não os do bem, abri seus olhos para a luz, e perdoai-as como nós as perdoamos se vêm com intenções malévolas.

Rogamos particularmente ao espírito de N..., nosso guia espiritual, para nos assistir e velar por nós.

(*No fim da reunião*) - Agradecemos aos bons Espíritos que quiseram vir comunicar-se conosco; rogamos a eles ajudar a pormos em prática as instruções que nos deram, e fazer que, saindo daqui, cada um de nós se sinta fortificado na prática do bem e do amor ao próximo.

Desejamos igualmente que essas instruções sejam proveitosas para os Espíritos sofredores, ignorantes ou viciosos que puderam assistir a esta reunião, para os quais nós invocamos a misericórdia de Deus.

O Evangelho segundo o Espiritismo,
Editora EME.

Prece para os médiuns

Deus Todo-Poderoso, permiti aos bons Espíritos me assistir na comunicação que solicito. Preservai-me da presunção de me crer resguardado dos maus Espíritos; do orgulho que poderia enganar-me sobre o valor do que obtenho; de todo sentimento contrário à caridade em relação aos outros médiuns. Se for induzido ao erro, inspire em alguém o pensamento de me advertir, e em mim a humildade que me fará aceitar a crítica com reconhecimento, e tomar para mim mesmo, e não para os outros, os conselhos que queiram me ditar os bons Espíritos.

Se eu for tentado a abusar, no que quer que seja, ou a me envaidecer da faculdade que vos aprouve conceder-me, rogo-vos que antes a retirais de mim a permitir que ela seja desviada de seu fim providencial, que é o bem de todos, e meu próprio avanço moral.

O Evangelho segundo o Espiritismo,
Editora EME

Prece pelo médium curador

Meu Deus, se haveis por bem servir-vos de mim, indigno que sou, eu posso curar este sofrimento, se tal é vossa vontade, porque eu tenho fé em vós; mas sem vós eu nada posso. Permiti aos bons Espíritos impregnar-me de seu fluido salutar, a fim de que eu o transmita a este doente, e desviai de mim todo pensamento de orgulho e de egoísmo que poderia alterar sua pureza.

O Evangelho segundo o Espiritismo,
Editora EME

Preces aos anjos guardiães e aos espíritos protetores

Espíritos sábios e benevolentes, mensageiros de Deus, cuja missão é assistir aos homens e conduzi-los à boa via, sustentem-me nas provas desta vida; dai-me a força de sofrê-las sem murmúrio; desviem de mim os maus pensamentos, e fazei que eu não dê acesso a nenhum dos maus Espíritos que tentariam induzir-me ao mal. Iluminai minha consciência sobre meus defeitos, e levantai acima de meus olhos o véu de orgulho que poderia impedir-me de percebê-los e de confessá-los a mim mesmo.

Vós, sobretudo, N..., meu anjo guardião, que velais particularmente por mim, e vós todos, Espíritos protetores que vos interessai por mim, fazei que eu me torne digno de vossa benevolência. Vós conheceis minhas necessidades; que sejam satisfeitas segundo a vontade de Deus.

O Evangelho segundo o Espiritismo,
Editora EME

Espíritos bem-amados, anjos guardiães, vós a quem Deus, em Sua infinita misericórdia, permite velarem sobre os homens, e nossos protetores nas provas de nossa vida terrestre. Dai-nos a força, a coragem e a resignação; inspirai-nos tudo que é bom, detém-nos no declive do mal; que vossa doce influência penetre nossa alma; fazei que sintamos como se um amigo devotado estivesse aqui, perto de nós, e que ele veja nossos sofrimentos e partilhe nossas alegrias.

E vós, meu bom anjo, não me abandoneis; preciso de toda vossa proteção para suportar com fé e amor as provas que Deus quiser enviar-me.

O Evangelho segundo o Espiritismo,
Editora EME

Prece a Bezerra de Menezes

Nós Te rogamos, Pai de infinita bondade e justiça, as graças de Jesus Cristo, através de Bezerra de Menezes e sua legião de companheiros. Que eles nos assistam, Senhor, consolando os aflitos, curando os que se tornem merecedores, confortando aqueles que tiveram suas provas e expiações a passar, esclarecendo aos que desejarem conhecer e assistindo a todos os que apelem para o Teu infinito amor.

Jesus, divino portador da graça e da verdade, estende tuas mãos dadivosas em socorro daqueles que te reconhecem como despenseiro fiel e prudente. Seja o nosso divino modelo, através de tuas legiões consoladoras, de teus santos espíritos, a fim de que a fé se eleve, a esperança aumente, a bondade se expanda e o amor triunfe sobre todas as coisas.

Bezerra de Menezes, apóstolo do bem e da paz, amigo dos humildes e dos enfermos, movimenta as tuas falanges amigas em benefício d'aqueles que sofrem males físicos ou espirituais.

Santos espíritos, dignos obreiros do Senhor, derramem as graças e as curas sobre a humanidade sofredora, a fim de que as criaturas se tornem amigas da paz e do conhecimento, da harmonia e do perdão, semeando pelo mundo os divinos exemplos de Jesus Cristo.

Pelas pessoas que amamos

Ó meu Deus, dignai-vos acolher favoravelmente a prece que vos dirijo pelo Espírito de N...; fazei-o entrever vossas claridades divinas, e tornai-lhe fácil o caminho da felicidade eterna. Permiti que os bons Espíritos levem a ele minhas palavras e meu pensamento:

Tu, que me era tão querido neste mundo, ouve minha voz que te chama para dar-te uma nova garantia de meu afeto. Deus permitiu que fosses libertado primeiro: eu não poderia lamentar-me disso sem egoísmo, pois seria desejar para ti as penas e sofrimentos da vida. Espero, portanto, com resignação, o momento de nossa união no mundo mais feliz em que tu me precedeste.

Sei que nossa separação é apenas momentânea, e que, quão longa ela possa parecer-me, sua duração se esvai ante a eternidade de bonança que Deus promete aos Seus eleitos. Que Sua bondade me preserve de fazer algo que possa retardar esse instante desejado, e que Ele me poupe assim da dor de não te reencontrar ao sair de meu cativeiro terrestre.

Oh!, como é doce e consoladora a certeza de que não há entre nós mais que um véu material a te esconder de minha vista; de que tu podes estar aqui, ao meu lado, ver-me e ouvir-me como outrora, e melhor ainda que outrora; de que tu não me esqueces, na mesma medida em que eu não te esqueço; de que nossos pensamentos não cessam de se entrelaçar, e de que o teu me segue e me sustenta sempre.

Que a paz do Senhor esteja contigo.

O Evangelho segundo o Espiritismo,
Editora EME

Prece pelo doente

Meu Deus, vossos objetivos são impenetráveis, e na vossa sabedoria julgastes necessário afligir N... com a doença. Deitai, suplico-vos, um olhar de compaixão sobre seus sofrimentos, e dignai-vos pôr um termo neles.

Bons Espíritos, ministros do Todo-Poderoso, secundem, eu vos rogo, meu desejo de aliviá-lo; dirigi meu pensamento a fim de que se derrame um bálsamo salutar sobre seu corpo e a consolação em sua alma.

Inspirai-lhe a paciência e a submissão à vontade de Deus; dai-lhe força de suportar suas dores com uma resignação cristã, a fim de que ele não perca o fruto dessa provação.

O Evangelho segundo o Espiritismo,
Editora EME

Prece para pedir um conselho

Em nome de Deus Todo-Poderoso, bons Espíritos que me protegeis, inspirai-me a melhor resolução a tomar na incerteza em que estou. Dirigi meu pensamento para o bem, e desviai a influência daqueles que tentariam tirar-me dele.

O Evangelho segundo o Espiritismo,
Editora EME

Ação de graças por um favor obtido

Deus infinitamente bom, que vosso nome seja abençoado pelos benefícios que me concedestes; eu seria indigno se os atribuísse ao acaso dos acontecimentos ou ao meu próprio mérito. Bons Espíritos que fostes os executores das vontades de Deus, e vós, sobretudo, meu anjo guardião, eu vos agradeço. Desvie de mim o pensamento de orgulhar-me desses benefícios, e de fazer deles um uso que não seria para o bem.

Eu vos agradeço particularmente ...

O Evangelho segundo o Espiritismo,
Editora EME

Submissão e resignação

Sinto, ó meu Deus, a necessidade de rogar-vos para que me deis força de suportar as provas que quisestes enviar-me. Permiti que a luz se faça bastante viva em meu espírito, para que eu aprecie toda a extensão de um amor que me aflige por querer salvar-me. Submeto-me com resignação, ó meu Deus; mas, ai de mim!, criatura tão frágil que, se vós não me sustentardes, temo sucumbir. Não me abandoneis, Senhor, pois sem vós eu nada posso.

O Evangelho segundo o Espiritismo,
Editora EME

No momento de dormir

Minha alma vai encontrar-se por instantes com outros Espíritos. Que aqueles que sejam bons venham ajudar-me com seus conselhos. Meu anjo guardião, fazei com que, ao despertar, eu conserve disso uma impressão duradoura e salutar.

O Evangelho segundo o Espiritismo,
Editora EME

Oração da família

Que nenhuma família comece em qualquer de repente,
Que nenhuma família termine por falta de amor,
Que o casal seja um para o outro de corpo e de mente,
E que nada no mundo separe um casal sonhador.

Que nenhuma família se abrigue debaixo da ponte,
Que ninguém interfira no lar e na vida dos dois,
Que ninguém os obrigue a viver sem nenhum horizonte,
Que eles vivam do ontem, no hoje e em função de um depois.

Que a família comece e termine sabendo aonde vai,
E que o homem carregue nos ombros a graça de um pai,
Que a mulher seja um céu de ternura, aconchego, e calor,
E que os filhos conheçam a força que brota do amor.
Abençoa, senhor, as famílias, amém.
Abençoa, senhor, a minha também!

Que marido e mulher tenham força de amar sem medida,
Que ninguém vá dormir sem pedir ou sem dar seu perdão,
Que as crianças aprendam no colo o sentido da vida,
Que a família celebre a partilha do abraço e do pão.

Que o marido e a mulher não se traiam nem traiam seus filhos,
Que o ciúme não mate a certeza do amor entre os dois,
Que no seu firmamento a estrela que tem maior brilho,
Seja firme esperança de um céu aqui mesmo e depois.

Abençoa, senhor, as famílias, amém.
Abençoa, senhor, a minha também!

Pe. Zezinho

Prece para uma criança que acaba de nascer

(*Dos pais.*) - Espírito que encarnou no corpo de nossa criança seja bem-vindo entre nós. Deus Todo-Poderoso que o enviastes, seja abençoado.

É um depósito que nos é confiado, do qual nós deveremos prestar conta um dia. Se ele pertence à nova geração de bons Espíritos que devem povoar a Terra, obrigado, ó meu Deus, por esse favor! Se for uma alma imperfeita, nosso dever é ajudá-lo a progredir no caminho do bem, por nossos conselhos e por nossos bons exemplos; se ele cair no mal por nossa falta, responderemos por isso diante de vós, pois não teremos completado nossa missão para com ele.

Senhor, sustentai-nos em nossa tarefa, e dai-nos força e vontade de cumpri-la. Se essa criança deve ser um motivo de provações para nós, que vossa vontade seja feita!

Bons Espíritos que viestes presidir ao seu nascimento e que deveis acompanhá-lo durante a vida, não o abandoneis. Afastai dele os maus Espíritos que tentariam induzi-lo ao mal; dai-lhe força de resistir às suas sugestões, e coragem de sofrer com paciência e resignação as provas que o esperam sobre a Terra.

O Evangelho segundo o Espiritismo,
Editora EME

Oração da criança

Amigo:

Ajuda-me agora, para que eu te auxilie depois.

Não me relegues ao esquecimento, nem me condenes à ignorância ou à crueldade.

Venho ao encontro de tua aspiração, do teu convívio, de tua obra.

Em tua companhia estou na condição de argila nas mãos do oleiro.

Hoje sou sementeira, fragilidade, promessa...

Amanhã, porém, serei tua própria realização.

Corrige-me com amor, quando a sombra do erro envolver-me o caminho, para que a confiança não me abandone.

Protege-me contra o mal.

Ensina-me a descobrir o bem, onde estiver.

Não me afastes de Deus e ajuda-me a conservar o amor e o respeito que devo às pessoas, aos animais e às coisas que me cercam.

Não me negues tua boa vontade, teu carinho e tua paciência.

Tenho tanta necessidade do teu coração quanto a plantinha tenra precisa da água para prosperar e viver.

Dá-me tua bondade e dar-te-ei cooperação.

De ti depende que eu seja pior, ou melhor, amanhã.

Emmanuel
(Francisco Cândido Xavier)

Oração da criança ao homem

Edificaste um mundo novo, em que me vejo num futuro melhor.

Auxilia-me a ter alegria dentro dele.

Deste-me a liberdade.

Ensina-me a ser livre, sendo feliz.

Colocaste-me no centro da cultura, com acesso às mais avançadas experiências.

Guia-me os passos para que não me sinta em desequilíbrio, e para que o desequilíbrio não me enlouqueça.

Dizes que me defendes.

Não me recuses os benefícios da escola e do trabalho e nem me induzas a qualquer ideia de ódio e separação.

Inventaste estradas nos céus.

Ajuda-me a construir caminhos em que possa fazer o meu encontro com os semelhantes, no clima da compreensão e da paz.

Criaste máquinas preciosas para meu conforto.

Ensina-me a dirigi-las com amor e responsabilidade, para que elas não me esmaguem.

Desenvolveste o progresso e levantaste a grandeza material em todos os recantos da Terra, e agradeço-te por tudo – a ti que me acolhes com tanto carinho e com tanto amor – mas peço, com todas as forças do meu coração, para que não me afastes de Deus.

Meimei
(Francisco Cândido Xavier)

Da oração dominical

Nosso Pai, que estás em toda parte;

Santificado seja o Teu nome, no louvor de todas as criaturas;

Venha a nós o Teu reino de amor e sabedoria;

Seja feita a Tua vontade, acima dos nossos desejos;

Tanto na Terra, quanto nos círculos espirituais;

O pão nosso do corpo e da mente dá-nos hoje;

Perdoa as nossas dívidas, ensinando-nos a perdoar nossos devedores com esquecimento de todo mal;

Não permitas que venhamos a cair sob os golpes da tentação de nossa própria inferioridade;

Livrai-nos do mal que ainda reside em nós mesmos;

Porque só em Ti brilha a luz eterna do reino e do poder, da glória e da paz, da justiça e do amor para sempre.

Emmanuel.

(página recebida pelo médium
Francisco Cândido Xavier em 8-12-47)

"Check-up" do Evangelho

Oração e sonho espiritual

Concluída minha oração, fui levado em sonho a um hospital espiritual, para fazer um "check-up" de rotina, e o que constatei me surpreendeu sobremaneira.

Quando o médico mediu a minha pressão, verificou que estava baixa, de ternura.

Ao medir a temperatura, o termômetro registrou 40 graus, de egoísmo.

Fiz um eletrocardiograma e diagnosticaram que eu precisava de uma ponte de amor, pois minhas veias estavam bloqueadas, por não abastecer o meu coração com o tônus da solidariedade.

Ortopedicamente, tinha dificuldade de andar lado a lado com o meu próximo, e não conseguia abraçar o meu irmão necessitado, por ter fraturado o braço, ao tropeçar na minha vaidade. Tinha miopia constatada, por não enxergar as criaturas além das aparências.

Obrigado, Senhor, por nada exigir em sua consulta e pela grande misericórdia para com minhas imperfeições. Prometo, após ser medicado e receber alta do hospital somente usar a terapia que me indicou: amor, fraternidade, perdão, paciência e oração que são remédios naturais e que estão no receituário do teu Evangelho.

Reconheço a necessidade de tomar novas atitudes em minha vida: ao levantar, chá de gratidão pela noite de repouso; ao entrar no trabalho, uma colher se sopa de bom dia companheiro, e, de hora em hora, um comprimido de paciência, com meio copo de humildade.

Ah! Senhor, ao chegar em casa, vou tomar uma injeção de amor fraterno com o carinho da família, e, ao deitar repensando o dia, beber duas cápsulas de consciência tranquila.

Agindo assim, tenho certeza, não ficarei mais doente e todos os dias serão de alegrias e realizações.

Comprometo-me a prolongar esse tratamento preventivo, durante toda a minha vida, para que quando retornar à pátria espiritual, seja equilibradamente.

Desculpe-me por ter usado mal o tempo que o Senhor me concedeu para o bem.

Obrigado, Senhor, por me despertar para a realidade da vida espiritual.

Adaptação de texto avulso,
de autor não identificado,

Conheça também os livros:

Desistir da vida não é solução

Isabel Scoqui

14x21 cm • 136 páginas

Isabel Scoqui recolheu dos livros de André Luiz os relatos que apresentam toda a dor causada pelo suicídio, nas suas mais diversas modalidades, e o longo trajeto que cada suicida deve percorrer para recuperar a oportunidade desprezada. E reforça que não estamos abandonados por Deus em situação alguma.

O homem que mudou a história

Geziel Andrade

16x23 cm • 264 páginas

O autor expõe o que de mais belo encontrou sobre a figura única e inesquecível de Jesus, trazendo os ensinamentos e exemplos deixados por ele a respeito de importantes assuntos. Um roteiro seguro que, se colocado em prática no cotidiano, auxiliará significativamente no caminho do crescimento interior.

Algemas abertas

Armando Fernandes de Oliveira

Romance espírita • 14x21 cm • 256pp.

Acompanhemos com atenção a história de Miguel e Áurea, ambos seriamente comprometidos diante das Leis Divinas ao planejar um incêndio criminoso. Agora arrependidos, nos fazem recordar que a semeadura é livre, mas a colheita é obrigatória...

Conheça também os livros:

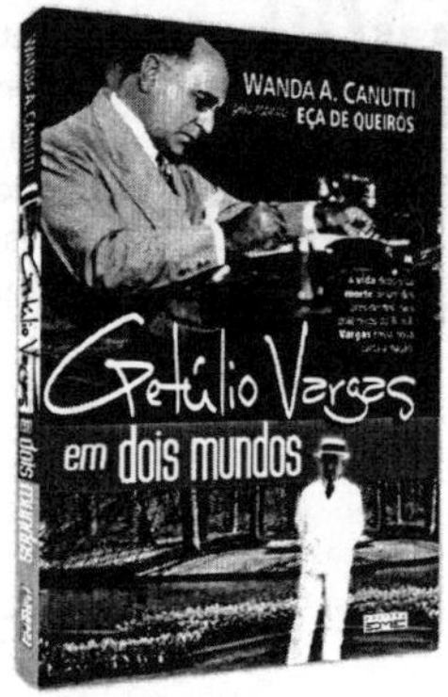

Getúlio Vargas em dois mundos

Wanda A. Canutti • Eça de Queirós (espírito)
Romance mediúnico • 16x22,5 cm • 344pp.

Getúlio Vargas realmente suicidou-se? Como foi sua recepção no mundo espiritual? Qual o conteúdo da nova carta à nação, escrita após sua desencarnação? Saiba as respostas para estas e outras perguntas, agora em uma nova edição, com nova capa, novo formato e novo projeto gráfico.

A vingança do judeu

Vera Kryzhanovskaia • J. W. Rochester (espírito)
Romance mediúnico • 16x22,5 cm • 424pp.

O clássico romance de Rochester agora pela EME, com nova tradução, retrata em cativante história de amor e ódio, os terríveis fatos causados pelos preconceitos de raça, classe social e fortuna e mostra ao leitor a influência benéfica exercida pelo espiritismo sobre a sociedade.

Não encontrando os livros da EME na livraria de sua preferência, solicite o endereço de nosso distribuidor mais próximo de você através de
Fones: (19) 3491-7000 / 3491-5449
(claro) 99317-2800 (vivo) 99983-2575
E-mail: vendas@editoraeme.com.br – Site: www.editoraeme.com.br